CONVIÉRTETE EN UN IMÁN DE ABUNDANCIA

CONVIÉRTETE EN UN IMÁN DE ABUNDANCIA

Crea abundancia en
todas las áreas
de tu vida

Gaby Company

Conviértete en un imán de abundancia
Primera edición: julio, 2023

© 2023, Gaby Company
El autor se ha reservado todos los derechos.

La publicación y distribución de esta obra corresponde al autor.
Contacte a los titulares del *copyright*.

ISBN: 978-0-646-88136-2

Impreso bajo demanda   *Printed on demand*

Nota: El autor podría realizar citas cortas atribuyéndolas a quien crea que corresponda. En caso de que la fuente de dicha cita sea imprecisa, se atribuye a un «anónimo». Además, ciertos recursos de diseño han sido utilizados en este producto respetando las licencias o términos y condiciones de uso (*Creative Commons*, en muchos casos) con o sin fines de lucro. Créditos a quien corresponda.

ÍNDICE

AGRADECIMIENTOS 9

INTRODUCCIÓN 11

CAPÍTULO 1: ABUNDANCIA 13

CAPÍTULO 2: MANIFESTANDO DINERO 31

CAPÍTULO 3: ERRADICA EL DESORDEN DE TU VIDA . . 60

CAPÍTULO 4: ELEVA TU VIBRACIÓN 83

CAPÍTULO 5: TRANSFORMA TU REALIDAD 96

CAPÍTULO 6: PODEROSOS PRINCIPIOS DE ÉXITO 118

CAPÍTULO 7: TU CAJA DE HERRAMIENTAS
PARA ATRAER ABUNDANCIA 165

CAPÍTULO 8: LEYES PODEROSAS DEL UNIVERSO
PARA ATRAER ABUNDANCIA 182

CAPÍTULO 9: ERES EL DUEÑO DE TU VIDA 193

EPÍLOGO 197

AGRADECIMIENTOS

Me gustaría agradecer esta oportunidad de poder escribir mi tercer libro y llegar a más personas en el Mundo.

Cuando se empieza una Meta, un camino al principio no tenemos idea a donde iremos llegando, somos muy nuevos y novatos y se nos van presentando diferentes retos y oportunidades a lo largo de ese viaje llamado Vida.

Quiero agradecer el apoyo incondicional y profundo de mi esposo Dante por creer siempre en mí y dejarme crecer como persona y profesional.

Agradecer también a mis hijos Gabriel y Dante por ser como son, por formar parte de nuestras vidas y formar un gran núcleo familiar.

A mi Madre Victoria, que siempre fué una mujer emprendedora, organizada, siempre dando Amor.

Siento una inmensa pena en estos momentos al escribir estas líneas porque ella ya no está entre nosotros en el plano físico, sin embargo a la vez una tranquilidad y mucho amor me llena el corazón de saber que siempre está con nosotros desde su esencia infinita.

A todos mis clientes que siempre confían en Mí y me hacen partícipe de sus debilidades y grandes logros.

Agradecida y bendecida por tener a mis hermanos Jack y Eberth formando parte de mi Vida y a mi Familia en general.

INTRODUCCIÓN

Este es mi tercer libro y me siento infinitamente bendecida y agradecida de tener la oportunidad de plasmar mi mensaje a través del contenido de ésta publicación.

A lo largo de mi experiencia trabajando con personas de diferentes caminos de vida me he dado cuenta que se necesita seguir creciendo, combatiendo la ignorancia y alimentar nuestra Alma interna para poder ser libres emocionalmente y conquistar lo que tanto anhelamos.

Me considero en el deber de seguir en mi misión de ayuda y creando transformación en la vida de las personas. Quizás entienden éste deber aquellos que han estado en ese camino y saben de que se trata.

Cuando trabajo con las personas, a ellos les parece increíble cuando les cuento que fuí una persona común y corriente llena de temores, preocupada del que dirán y no sabiendo tomar ventaja de las oportunidades de la Vida.

Cansada de ver a otros triunfar desde el balcón del desconocimiento, decidí invertir en mí incansablemente, estudiando diferentes cursos, convirtiéndome en profesional de la Mentalidad, Marca Personal, Oratoria, Liderazgo y Emprendimiento.

Siempre he dicho que me hubiera gustado tener las herramientas, estratégias o fórmula hace muchos años atrás para ahorrarme tiempo y llegar a mis metas rápidamente pero luego entiendo que todo camino de aprendizaje nos hace madurar, valorar y crecer como persona. No es la meta, el objetivo, dinero o éxito alcanzado, finalmente lo que vale es la persona en quien nos convertimos.

Convertirnos en aquel Ser, que nunca se rindió aún cuando tuvo temores, incertidumbre, falta de dinero. Lo más importante fué despertar el potencial interno que todos sin excepción tenemos dentro.

Es un gusto y honor poder llegar a Ustedes y compartir mi conocimiento de muchos años de estudio y experiencia ahorrándoles tiempo en la búsqueda del éxito.

Es mi deseo poder ayudarlos para que alcancen sus grandes metas tanto en su vida empresarial, familiar o carrera.

Gracias por confiar en Mí.

CAPÍTULO 1
ABUNDANCIA

"La Abundancia empieza dentro de Ti, no pierdas el tiempo buscando donde no la vas a encontrar"

GABY COMPANY

¿Qué es la Abundancia?

Es el flujo de diferentes recursos en diferentes reas de nuestra vida. Muchas veces cuando hablamos de Abundancia creemos que es solo tener dinero, grandes lujos o exorbitante manera de vivir.

Si bien es cierto gozar de esos placeres es un derecho que podemos tener, sin embargo Abundancia es un concepto más profundo, es rendirnos a lo desconocido sabiendo que todo empieza dentro de nuestro Ser, somos esencia y energía infinita con la capacidad de co-crear y manifestar abundancia en todas las areas de nuestra vida.

Muchas veces se escucha decir:

- Prefiero ser pobre pero honesto
- Tengo dinero pero no Amor

- Tengo Amor pero no dinero
- Abundancia no es para mí, solo para los millonarios
- He nacido para sufrir, es imposible ser abundante
- Estoy contento con lo que tengo no necesito mucho dinero
- Viajes y lujos no los puedo afrontar

Lamentablemente estas afirmaciones tan conocidas en el ámbito cotidiano es común. Dejénme decirles que se puede atraer Abundancia y seguir siendo honestos. Hay honrados y deshonestos gozando de Abundancia, dinero y prosperidad.

Las creencias limitantes crean bloques de Auto-sabotaje impidiendo pensar, sentir, y atraer la Abundancia que tanto nos merecemos

Estas creencias limitantes han sido mayormente formadas en nuestra niñez programándonos a crecer con una mentalidad de escasez.

Nuestro entorno familiar, la sociedad, noticias, la televisión, han sido siempre fuentes influenciadoras para crear limitaciones en nuestro sub-conciente y creer todo lo que oímos o vemos.

No son los eventos de nuestras vidas que nos forman, pero sí nuestras creencias a lo que esos eventos significan.

Los Seres Humanos tienen la abilidad de tomar cualquier experiencia de sus vidas y crear un significado que los eleva o destruye.

No todos vemos el Mundo como es realmente, vemos el Mundo como creemos que es basado en nuestras creencias.

Nuestra mente produce declaraciones acerca de la "realidad" que creemos es la verdad. Las creencias que asocies con la abundancia, dinero y prosperidad influenciará tus sentimientos y ésta emoción determinará tu estado fisiológico y como tu cuerpo finalmente reciba éste mensaje

Origen de tu mente equivocada

Desde pequeños hemos aprendido a clasificar las experiencias como MALO o BUENO, desde ese paradigma adjuntamos una positiva o negativa creencia a la experiencia.

Por Ejemplo:

Sí un niño le pide a su Padre dinero para comprar dulces, el Padre le dice que no tiene dinero, que el dinero no se fabrica. La interpretación a esa experiencia puede ser el dinero es difícil de obtener y esa creencia negativa formará una creencia limitante.

Consigue una alternativa explicación:

Tenemos que cambiar el significado de nuestra interpretación a la experiencia vivida.

Probablemente el Padre del niño no tuvo la educación o capacidad para sobrellevar la conversación. Quizás el Padre está transmitiendo lo que a él también le inculcaron de pequeño.

Recuerda que todos creemos que obramos de la forma correcta aún cuando estemos equivocados

Reemplaza la creencia limitante:

Ten en cuenta que toda creencia parte de una idea o pensamiento creado de manera repetitiva.

El vínculo que asocies al **placer** o **dolor** formará tu destino, las personas tratarán de evitar el dolor en sus decisiones y acciones y querrán conseguir más placer.

La forma más efectiva es conseguir que tu cerebro asocie dolor masivo a tu creencia limitante, preguntarte cuánto te ha costado preservar ésta creencia limitante en el pasado, cuánto te está costando en el presente y cuánto te puede costar en el futuro.

No le pongas límites a tu Abundancia

El mundo está lleno de oportunidades y la Abundancia existe en todas sus formas ya sea mala o buena y como atraerla dependerá de una mentalidad de escasez o una mentalidad de abundancia.

Mentalidad de escasez:

- Enfocarse en las limitaciones de una situación
- Enfocarse en lo que no se quiere
- Tener miedo a dejar la zona de confort y tomar riesgos
- Guardar siempre dinero para los tiempos difíciles y no vivir el presente
- Sentirse frustrado, ansioso y siempre con miedo de perder
- No invertir en el conocimiento
- Siempre pensando en lo negativo que puede pasar
- Conformismo
- Desperdician energía pensando en la escasez
- Quieren ver primero para luego creer
- Siempre quejándose y culpando a otros por su realidad

Mentalidad de Abundancia:

- Son de contribución y ayuda
- Saben que siempre hay abundancia para todos
- Saben que la competencia es saludable, no hay mezquindad

- Comparten su conocimiento con otros
- Piensan y juegan en grande afrontando riesgos
- Tienen su Autoestima elevada
- No creen en el fracaso porque saben que es parte del aprendizaje y crecimiento
- Invierten en su conocimiento constantemente
- Saben del poder del pensamiento positive
- Piden, confian y reciben abundancia

Nuestras creencias acerca de la diferencia de abundancia y escasez crearán nuestra realidad. La mente es poderosa, lo que pensamos creemos y seremos resultado de esa mentalidad.

Muchas veces las personas con mentalidad de escasez ven la vida como una desigualdad de proporciones, asumen que solo algunas personas pueden tener el privilegio de llevarse una porción grande del pastel mientras que ellos se conforman con lo que creen tocarles.

El temor a iniciar lo desconocido nos puede poner en un estado de conformismo, se escucha decir: estaré contento con tener suficiente dinero para mí y mi familia, tener mi casa y suficiente alimento.

El dinero es energía, es una herramienta que ayuda mucho en nuestra vida diaria. Si queremos crear transformación, ayudar a otras personas en necesidad o cubrir altos gastos de servicio de salud no va a ser suficiente con tener solo dinero para mi y mi familia.

En el año 2017 mi País Perú sufrió un desastre climático dejando a muchas familias sin hogar y alimento. Gracias a la ayuda de gente maravillosa en Melbourne-Australia se pudo recaudar dinero y ayudar a muchas personas de diferentes departamentos de Perú.

También tuve la oportunidad de llevar donativos de ropas y juguetes a diferentes hogares en necesidad en Lima-Perú. Se siente una alegría inmensa poder ser de ayuda a otras personas. Se dan cuenta que importante es el dinero cuando se quiere ayudar y no sería posible este tipo de ayuda si tuviéramos una mentalidad de escasez y conformismo.

La abundancia empieza dentro de nuestro ser y para atraer y cambiar la mentalidad de escasez tenemos que trabajar nuestra parte interna.

Alejarse de la gente tóxica

Las cinco personas que estan a nuestro alrededor marcarán nuestras vidas en los próximos cinco años. Si queremos cambiar nuestra realidad tenemos que ser cautos con quienes mantenemos un vínculo amical.

Hay Personas que quieren nuestro éxito pero a veces no saben como comunicarse y siempre lo hacen de forma negativa y no saben elevar nuestro potencial, no estoy diciendo que estemos unidos a toda aquella persona que nos da la razón, me refiero a las personas que nos alientan, apoyan, a quienes nos dan un consejo constructivo y no destructivo.

El momento en el que decidí subir mis estándares y alejarme de la gente negativa y tóxica, fué el momento en que empecé a crear cambios en mi vida .

El temor a quedarse sin amigos o ser criticados es solo un miedo infundado, cuanto más te quieres y respetas serás capaz de atraer a las personas correctas. Eso es ley universal!

Lamentablemente de manera subconsciente nos enfocamos en los problemas y buscamos culpables a nuestra realidad cuando toda la abundanica que deseamos alcanzar está dentro de nosotros.

Somos seres de luz, creación divina capaz de lidiar con las desavenencias cotidianas de la Vida.

La vida es como las estaciones del año siempre cambiando, no siempre tendremos Verano con sol, o invierno con Lluvia.

Cuando es verano nuestros ánimos están encendidos de alegría y júbilo y cuando es invierno nos sentimos más apagados con ganas de permanecer en nuestra zona de comfort.

Todo ser humano tiene que aprender y crecer a lo largo de nuestra existencia, no hay perfección absoluta.

Está en nosotros desbloquear y relucir nuestro potencial interno y reclamar nuestra abundancia innata, decretando cada día que somos capaces de atraer y manifestar lo que deseamos en las diferentes areas de nuestra vida.

Abundancia en todas las áreas de nuestra vida:

Cuando le pregunto a mis clientes si se sienten satisfechos en las diferentes áreas de sus vidas, automáticamente puedo leer su lenguaje corporal demostrando sentimientos de insatisfacción, creen que para estar felices primero tienen que tener el último modelo de carro o teléfono celular.

Están esperanzados en alcanzar o lograr algo contundente para sentirse abundantes y felices.

Tenemos que sentirnos felices y abundantes antes de ver las cosas materiales, no necesitamos nada externo para desbloquear nuestra abundancia y Felicidad. Necesitamos amarnos y saber que somos la primera prioridad sin discusión alguna.

- **Abundancia en nuestra Carrera**

Para ser triunfantes en nuestra profesión o carrera tenemos que tener claridad de lo que queremos ejercer en los próximos años, no porque nuestros padres o la Sociedad nos impone que estudiar o ejercer.

Cuál es el propósito? Cuál es el pórque? de lo que queremos realizar. Complaciendo a otros es bloquear nuestro flujo innato de abundancia.

- **Abundancia en el Amor**

Para amar a otros primero tenemos que amarnos nosotros.
La capacidad de amar es infinita y está basada en el respeto y espacio de la pareja. No se puede crear abundancia de amor sin estos previos conceptos.
Sí hemos atravesado por la experiencia desleal, abuso físico o verbal en el pasado, recordemos que tenemos la capacidad de reconstruir nuestras vidas y atraer abundancia en el amor.
No se puede generalizar las conductas de las personas basadas en una experiencia anterior, darnos una nueva oportunidad es de seres de abundancia.

- **Abundancia en la Salud**

Una de las estratégias que uso con mis clientes es pedirles que salgan a la calle, a un restaurante, subirse a un omnibus y prestar atención a la manera de conversar de las personas.
La idea detrás de éste trabajo es mantenerse en silencio, ser el observador y oír el lenguaje negativo que tienen muchas personas afirmando situaciones que aún no han ocurrido.
Éste tipo de comunicación crea incertidumbre, miedo provocando emociones negativas que serán almacenadas en el cuerpo humano y finalmente creando enfermedades.
Tenemos que acostumbrarnos a vivir en el momento presente dejando la frustación del pasado o el temor del futuro impredecible.

ME QUIERO
ME AMO
SOY
MI PRIMERA
PRIORIDAD

Gaby Company

- **Abundancia de dinero y prosperidad**

El dinero es energía y una herramienta muy importante en nuestras vidas, sin embargo se han creado conceptos erróneos acerca del dinero.

Cuántas veces hemos escuchado de pequeños las siguientes afirmaciones:

1. El dinero no crece en los árboles
2. Hay que trabajar con el sudor de la frente para conseguir dinero
3. La Abundancia y el dinero solo son para los millonarios
4. Prefiero ser pobre pero honrado
5. El dinero es sucio
6. El dinero me puede alejar de mis amigos y familia
7. No fabrico dinero
8. Guarda pan para Mayo
9. El dinero no da la Felicidad
10. El dinero no es importante

Lamentablemente éstas frases han ido sumergiéndose en nuestro subconsciente programándonos a tener una Mentalidad de escasez y alejar nuestra Abundancia.

Tu situación financiera, vida, experiencia está como está a raiz de tus ideas erróneas acerca de la abundancia del dinero y prosperidad.

El problema no es tu carencia económica, el problema eres TÚ, decide cambiar tus creencias limitantes, tu enfoque a la vida y tu percepción para mejorar tu Economía financiera.

Recuerda la abundancia está dentro de Tí, no esperes conseguir cosas para sentirte abundante, siéntete abundante para poder manifestar todo lo que anhelas.

- **Abundancia en tus relaciones de Familia**

La Familia es el núcleo más importante en la vida de todo Ser Humano y está basado en el respeto, comunicación, amor, lealtad y comprensión entre otros valores importantes.

Desavenencias y desacuerdos es parte del entorno familiar, pero no es el reto que nos puede perturbar, es como reaccionamos a esos retos.

Nuestro acercamiento debe ser de búsqueda de soluciones siempre enfocándonos en el Amor.

El Amor irradia una frequencia alta creando emociones potenciales en nuestro cuerpo, mente y alma.

Ésta frequencia alta estará alineada a nuestros deseos de abundancia y por ley energética seremos capaces de preservar una buena relación familiar.

El vivir en odio, amargura, resentimiento son frequencias muy bajas y limitadas y bloquearán el flujo de abundancia.

Abundancia de crecimiento personal

La única manera de convertir los llamados fracasados, en oportunidades de crecimiento es invirtiendo en nosotros.

Cuando le pregunto a mis clientes sí ellos invierten en su crecimiento me dicen que si y me dan una lista de cosas en las que invierten. La lista menciona cosas como:

  Compra de carro
- Un televisor grande
- Ropa de marca
- Accesorios de lujo

Todo lo mencionado arriba puede involucrarnos en deudas

a largo plazo, o son cosas que no siempre traen retribución económica.

Tenemos que enfocarnos primero en invertir en nuestro conocimiento interno, esa fortaleza invisible que está dentro nuestro y nos llevará a manifestar lo que tanto queremos.

El miedo, la falta de autoestima, la mentalidad de escasez, las creencias limitantes provienen de la ignorancia. Y cuando hablamos de ignorancia no nos referimos a no ser cultos o educados. Siempre hay algo que se ignora y se desconoce.

Invertir en ti, ayudará aumentar tu confidencia y autoestima, te equipará para afrontar cualquier golpe de la vida. Serás capaz de ver las cosas de manera más conciente reflejando tus decisiones y acciones de manera más acertiva.

Vivimos en un mundo de tecnología donde el conocimiento lo tenemos en la palma de las manos. Nacer ignorante no es problema, pero morir ignorante si lo es.

Recuerdo las épocas en que yo no sabía lo que se ahora, vivía en mi zona de confort y cometía los errores como cualquier otra persona de comprarme cosas materiales para ser parte de la aceptación social y si de invertir en mí se trataba, lo hacía, pero no en grandes cantidades.

El momento que decidí tener mentores, atender seminarios, conferencias, leer libros es cuando mi vida empezó a cambiar 360 grados y empecé a tomar masiva acción alineada con mi ser interno y la magia empezó a surgir.

Abundancia en tu ambiente

Nuestro ambiente lo hace la gente a nuestro alrededor, la manera de vivir y actuar.

A continuación, te mencionaré importantes pasos a seguir para creer un ambiente de abundancia, bienestar y prosperidad:

1. **Despeja el desorden-** Todo aquello que no se usa, está roto o crea desorden está ocupando espacio y por consecuencia obstaculiza el flujo energético de la abundancia

Es imposible tener claridad en un ambiente caótico donde se nos hace muy difícil encontrar nuestras cosas. Una mente nublada no puede ser positiva y productiva. A lo largo de los años vamos acumulando diferentes cosas porque sentimos apego de una u otra manera, ya sea porque alguien nos regalo algo o nos recuerda a un ser querido.

Haz una revisión minuciosa de los diferentes ambientes en tu hogar y decide limpiar y erradicar lo que ya no sirve o no uses.

Haz la siguiente clasificación:

1. **Caja de cosas para donar-** Sí tienes ropa que ya no usas por más de un año entonces ya no las usarás. En ésta caja pon todo aquello que ya no deseas usar sin embargo será de mucho valor para otras personas.
2. **Caja de cosas para botar-** En tu inspección encontrarás vajilla rota, pomos vacíos en el baño, refrigerador, alacena etc

Todas éstas cosas ponlas en ésta caja y botálas a la basura, de esa manera dejarás campo para que fluya la abundancia en tu hogar.

3. **Caja para vender cosas-** Increíblemente encontrarás cosas que no recordabas que tenías y podrás venderlas y generar un ingreso adicional.

Hay plataformas en las que puedes vender tus cosas, tales como Facebook marketplace, Ebay, Mercado libre, etc.

4. **Caja para almacenar cosas-** Siempre hay cosas que se necesitan almacenar para luego usarlas de manera rotativa.

Por ejemplo,
Yo guardo la ropa de la estación que se va y saco la ropa de la estación actual, de ésta manera mi closet siempre está ordenado solo con las prendas de estación y necesarias para usar.

Quizás pensarán que es mucho trabajo, aparentemente puede parecerlo pero al final tendremos más claridad y mucho orden.

Todas estas cajas deben estar enumeradas y con etiqueta (Señalando el tipo de caja)

Recuerden "menos es más" la idea es ser minimalista reduciendo a las cosas necesarias y eliminar elementos innecesarios y sobrantes.

Esta estrategia es fundamental para crear espacio, eficiciencia, claridad, ahorrar energía y atraer abundancia.

5. **Abundancia en la vida social y hobbies-** La manera de relacionarnos en la vida va cambiando de acuerdo a nuestra edad y etapas de vida.

Esta es una área muy importante en el camino de vida de toda persona que irá forjando nuevas ideas, intercambio de experiencias.

Como mencionamos antes "menos es más" buscar amigos que nos eleven y apoyen en los momentos más difíciles, ser selectivos es un requisito importante. Se dice que los cinco amigos que nos rodean influenciarán nuestra vida en los próximos cinco años.

Desafortunadamente a veces creemos que es mejor tener muchos amigos para ser populares, o no tenemos el valor de ser selectivos de acuerdo a nuestros valores o *standards* por miedo a ser criticados, rechazados o el temor de perderlos.

Hay abundancia de lo bueno y malo, entonces si queremos ser abundantes teniendo amigos de valor, tenemos que ser honestos y alejarnos de todo aquello que bloquea el flujo de la Buena abundancia.

Tener diferentes hobbies elevará nuestras emociones positivas y por consequencia emanaremos una frequencia alta que nos permitirá atraer la abundancia.

Todas las áreas de nuestra vida se llama la "Rueda de la Vida" y son vitales para el desarrollo saludable de todo ser humano.

Sí comparamos la rueda de la vida con la rueda o llanta de un automóvil encontraremos similitud. Un carro sería incapaz de andar efectivamente si la rueda está media desinflada, lo mismo pasaría con la vida de una persona. Para conseguir un buen equilibrio se tiene que poner mucha atención en todas las áreas. No estamos hablando de perfección! Estamos hablando de enfoque! Todo aquello que nos enfocamos se expande ya sea bueno o malo.

El Poder del Enfoque

Es muy simple, cualquier cosa en la que te enfoques se expande y atrae más de lo mismo.

Sí queremos atraer abundancia en todas las áreas de nuestra vida porque no nos enfocamos en el bienestar, prosperidad, dinero, buena salud, grandes amigos, buena relación con la familia?

Desafortunadamente nuestra mente esta programada para

hablar de lo que no se tiene, del problema o reto y recreamos una y otra vez lo negativo creando un círculo vicioso de lo mismo y por consequencia bloqueamos el flujo energético de la abundancia.

Por ejemplo,

Cuando te encuentras con un amigo (a) y le preguntas cómo está, de manera automática y sin pensarlo lo primero que señalará son las cosas irreales que aún no existen y quizás no existirán. Son pocas las personas que te dirán que todo está excelente.

Se sigue una costumbre ancestral de placer o victimización del individuo a la hora de comunicarse en la Sociedad.

Basta ya de actuar en autopiloto de manera subconciente y tomar responsibilidad por la vida que queremos crear y empezar a actuar de manera conciente día a día.

Enfocate en lo que quieres aún cuando lo veas inalcanzable e imposible. Vivimos en tiempos difíciles, pero si crees en Tí y te enfocas en las posibilidades ten la seguridad que lo que buscas se manifestará.

Herramientas que te ayudarán a enfocarte en lo que quieres:

1. **Meditación-** Te ayudará a callar los pensamientos negativos, callar tu mente y tomar control de tus pensamientos
2. **Ejercicio-** Te ayudará a mejorar tu ánimo, enfoque, calidad de vida y percibir la vida con más positivismo.
3. **Música-** La música es el lenguaje del alma, relaja todo tu ser y te ayuda a enfocarte en el amor, paz y tranquilidad

Recuerda cuando algo es realmente importante siempre

encontrarás una forma de hacerlo pero sí no lo es, encontrarás siempre una excusa.

Responde rápidamente, las siguientes preguntas sin pensarlo mucho y hazlo con mucha honestidad porque el único interesado eres Tú.

Menciona una área de tu vida en la que tengas dificultad y pórque hasta ahora no has mejorado.
_____
_____
_____
_____

¿Qué harías ahora para mejorar esa área? Menciona no menos de cinco pasos a seguir
_____
_____
_____
_____

¿Té sientes abundante? ¿Es fácil atraer abundancia a tu vida? ¿Qué tienes que hacer para ser más abundante?
_____
_____
_____
_____

LA ABUNDANCIA ESTÁ DENTRO DE TI

TÚ ERES EL REFLEJO DE TU PERCEPCIÓN

Gaby Company

CAPÍTULO 2
MANIFESTANDO DINERO

La carencia y la limitación solo pueden existir cuando les hacemos espacio en nuestra mente.

Bob Proctor

Durante décadas desde nuestros ancestros el dinero a sido considerado un tema Tabú en el cual no estaba permitido hablar de ello. Era considerado un tema prohibido de hablar al igual que la política, religion o sexo.

Esta falta de educación financiera nos ha llevado al conformismo, no saber prevalecer nuestros derechos en el ámbito laboral, social o familiar.

Se ha considerado el dinero una herramienta muy difícil de conseguir, el trabajo duro e incansable eran requisitos necesarios para conseguirlo.

Los bloques acerca del dinero se han ido pasando de generación en generación.

En la niñez de los 0 a 7 años se está expuesto a absorber toda información que este a nuestro alcance. Es ahí donde nuestros padres y la Sociedad que nos rodea nos han ido inculcando sus creencias limitantes acerca del dinero.

Las creencias limitantes como hemos mencionado en el

capítulo anterior juegan un papel importante en la forma de ver la vida.

Por ejemplo,

Si reunimos a un grupo de personas y les preguntamos que opinan del dinero, cada una de ellas tendrá un concepto y definición muy diferente de la otra y por lo tanto sus decisiones, acciones y resultados serán diferentes.

Las acciones y pensamientos de una persona con mentalidad de escasez estará enfocada en el miedo, preocupación siempre creyendo que no hay suficiente.

El dinero es energía, intercambio de valores. Si queremos manifestar abundancia de dinero tenemos que analizar cuál es nuestra relación y percepción que tenemos frente al dinero.

Descubre cuál es la causa de tu falta de dinero. Quizás hubo personas que impactaron en tu mentalidad de dinero.

Ata cabos y rompe el ciclo de tu pasado financiero. Perdona a toda aquella persona que ejerció influencia en tus creencias limitantes acerca del dinero.

Mis clientes me dicen Gaby, como se te ocurre que voy a perdonar a quién me hizo daño, mi esposo siempre me trató como una persona insignificante no merecedora de tener grandes cantidades de dinero. Y siguen con las historias de su pasado recreándolas una y otra vez.

Para perdonar no siempre es necesario acercarse a la persona físicamente. Podemos hacerlo en meditación visualizando la escena y perdonando de corazón. Este es un ejercicio emocional muy efectivo para sanar nuestra alma y emociones. Al pedir perdón nos estamos haciendo un gran favor nosotros mismos.

Estrategias para manifestar dinero

1. **Respeta el dinero-** Uno de los errores que tuve en el pasado fué mi falta de organización y recuerdo que cuando recibía recibos de la luz o agua los miraba y los dejaba en el escritorio no prestándole mucha importancia hasta que me llegaban de nuevo con un incremento extra que tenía que pagar.

Ese dinero extra tuve que pagarlo por mi descuido y esa actitud no estaba alineado con la abundancia.

El dinero es energía y debe ser tratado como un ser viviente con respeto y agradecimiento por las cosas que nos permite obtener.

Cuando aprendí este valioso concepto empezé a cambiar mi percepción y acercamiento con el dinero.

En meditación le pedí perdón y prometí aprender más de su valor y co-crear con él.

Me refiero que cuando somos capaces de mantener la abundancia estaremos en la posición de ayudar a otros en necesidad, de ésta manera estamos activando la ley de la circulación y no bloqueándola.

Nada es estático, asi como entran ingresos también hay egresos y eso es la belleza de la ley de la circulación.

¿Haz tenido alguna oportunidad en la que no tuviste respeto con el dinero? ¿Qué te gustaría hacer para mejorar tu relación con el dinero?

_____
_____
_____
_____
_____

2. **Afirmaciones frente al Espejo-** Acercate al Espejo y repite las siguientes afirmaciones:

    - Así luce una mujer millonaria
    - Así luce un hombre millonario
    - Soy una persona que atrae el dinero fácilmente
    - Soy merecedora de atraer dinero a mi vida
    - Me respeto y respeto al dinero
    - Declaro que estoy rompiendo el ciclo de escasez de dinero
    - Declaro que me siento confortable teniendo mucho dinero
    - Soy inmensamente feliz porque el dinero viene a mí ahora de diferentes recursos

3. **100 dólares en tu billetera-** Siempre carga 100 dólares o un billete que represente 100 en la moneda de tu País.

Esta estratégia es muy simple e importante. El billete de 100 tenlo siempre en tu billetera y todos los días Imaginate que comprarías con ese dinero. Cuando lo haces cada día es como si aumentaras su valor y sentirás la emoción y esperanza de las posibilidades acercándose a tu vida. Es importante tenerlo siempre en tu billetera y no gastarlo

4. **Siempre se agradecido-** Muchas veces las personas esperan tener los resultados para ser agradecidos cuando deberíamos primero ser agradecidos para obtener las cosas que tanto anhelamos.

Mira alrededor tuyo y se agradecido por todo aquello que

ya tienes, ésto te ayudará a cambiar tu mente de escasez por abundancia.

La ley de la gratitud es una de las leyes más importantes del universo que nos ayuda a sentir paz, amor, ver las posibilidades y automáticamente elevamos nuestra frequencia vibracional atrayendo abundancia a nuestra vida.

Por ejemplo,

Estas caminando por la calle y sufres un robo, alguien se llevó tu billetera con 200 dólares y justo necesitabas ese dinero para pagar una cuenta pendiente. ¿Cómo reaccionas?
_____
_____
_____
_____
_____
_____

Tienes dos opciones:

1. Te amargas, frustas y maldices por tu mala suerte y falta de dinero para pagar tu cuenta pendiente o
2. Agradeces que no te a pasado nada, agradeces que todo lo robado es material y se puede volver a crear.

Lamentablemente un gran porcentaje de personas solo se enfocan en la desesperación del momento y bloquean su frecuencia positiva creando y atrayendo más de lo mismo.

Actividad para expresar tu gratitud y elevar tu frequencia. Menciona no menos de 5 cosas por las que estas agradecido(a)

Estoy agradecido(a) por:

1. --

2. --

3. --

4. --

5. --

6. **Usa afirmaciones positivas para elevar tu frecuencia-** Crea el hábito de decir afirmaciones diariamente para elevar tu vibración, reprogramar tu subconsciente y empezar a manifestar la abundancia de dinero.

El requisito más importante en éste proceso es sentir la emoción como si ya lo hemos manifestado. Tienes que creer que ya lo tienes!

Muchas personas repiten una y otra vez diferentes afirmaciones de dinero pero no consiguen manifestarlo porque solo lo repiten sin sentirlo. En el fondo no creen ser merecedores de esa abundancia.

A continuación voy a compartir contigo una lista de afirmaciones magnéticas de dinero, repítelas a diario pero recuerda creer en ellas y sobretodo siéntelas. Todo es posible en la capacidad que tu las sientas posibles.

SÉ AGRADECIDO POR LO QUE TIENES, LLEGARÁS A TENER MÁS.

SI TE CONCENTRAS EN LO QUE NO TIENES, NUNCA TENDRÁS SUFICIENTE

OPRAH WINFREY

LA GRATITUD ES LA FUENTE DE AMOR Y EL AMOR NO TIENE LÍMITES

Gaby Company

- Merezco todo el dinero que deseo
- Atraigo dinero en abundancia
- Expecto una abundancia de dinero
- Tengo una mente abundante
- Crear grandes cantidades de dinero es divertido
- Gozo de todas las buenas opciones que el dinero me ofrece
- Siempre recibo dinero de diferentes fuentes de ingreso
- Soy feliz y agradecido por todas las oportunidades que vienen a mí
- Tengo la casa de mis sueños
- Soy capaz de ganar mucho dinero
- Soy capaz de ayudar a la gente en necesidad
- Amo al dinero y el dinero me ama
- Estoy agradecido (a) por la persona en que me he convertido
- Soy una persona de valor
- Soy un imán para el dinero
- Recibo con los abrazos abiertos la abundancia de dinero
- El dinero me permite viajar y conocer bellos lugares
- Me siento de éxito y en paz

7. **Baila con el miedo-** El miedo es un mecanismo de autoprotección, y nos ayuda en situaciones de peligro. Gracias a ese miedo podemos prevenir un peligro inminente. Sin embargo, cuando el miedo nos paraliza y ocupa un espacio en nuestra mente y emoción, ese miedo es nocivo y bloquea el flujo de la abundancia.

Cuando se vibra en miedo, automáticamente se crean figuras imaginarias en nuestra mente subconsciente, el miedo se expresa en nuestro cuerpo produciendo diferentes sintomas como ansiedad, estrés y angustia.

Piensa, cuál es el mensaje de ese miedo? Qué te está enseñando? En qué clase de persona tienes que convertirte para superar y aprender a bailar con ese miedo?

Si quieres atraer dinero y crear la vida que tanto quieres es hora de hacer la tarea de lo contrario no serás merecedor de los premios.

Hay que pagar el precio para merecer el premio!

8. **Limpia tu billetera o cartera-** Ésta es una estratégia muy práctica e importante para atraer dinero y abundancia.

A lo largo de los días es fácil acumular una cantidad innecesaria de papeles, recibos en tu billetera o cartera y éstos obstáculos bloquean el flujo continuo de energía positiva.

Tu billetera o cartera debe tener billetes de dinero, billete de 100 como explicamos anteriormente, tarjetas necesarias, un palito de canela para atraer buena vibra y dinero. Eliminar recibos, muchas tarjetas de crédito, cuentas sin pagar, dinero roto etc.

De igual forma eliminar recortes de periódicos o revistas con ofertas. Piensa que mensaje estás enviando al Universo. Una persona abundante no se esperanza en las ofertas o descuentos, sabe que es creador de su propia experiencia.

Somos abundantes? O sólo esperamos las ofertas para conseguir cosas? Una persona abundante es creadora y manifestadora de sus sueños.

9. **Claridad acerca de tu meta-** Nuestra meta tiene que ser específica para aumentar las posibilidades de alcanzarla.

Por ejemplo,
Si decimos "quiero tener dinero" es muy vago. Cuánto dinero quieres tener? Quieres tener 20 dólares? 5,000 dólares? Cuánto dinero quieres exactamente manifestar?
¿Cuál es el propósito de querer obtener la cantidad específica?
Teniendo claridad y propósito de la meta, seremos capaces de ser disciplinados, crear hábitos productivos y por consecuencia resultados efectivos.

10. **Aléjate de la Gente tóxica-** Las personas tóxicas son aquellos seres que están robando tu paz, tranquilidad y energía.

Lamentablemente dentro de éstas personas pueden estar familiares, amigos cercanos. Muchas veces no tienen intención de dañarte pero su mundo o percepción de la vida puede ser completamente diferente al tuyo y ese factor no les permite entender tu visión o misión que tengas.
Hay otras personas que se sienten incómodas al ver que dejas tu zona de confort para surgir, ellos no se ven reflejados en ese espejo, les da cólera tu osadía, es ahí entonces donde se vuelven tóxicos, lejos de apoyarte en el camino tratan de ver tus debilidades y te las restriegan una y otra vez en la cara. Si sabes lo que quieres nada ni nadie te puede hacer cambiar.

En una oportunidad un caballero me contó que tenía problemas de tartamudez y cada vez que tenía que hablar en el trabajo el nerviosismo lo atrapaba, sus colegas lo llamaban "Carreta", con solo escuchar esa palabra éste caballero se sumergía en la frustración. Sin embargo cuando podia controlar la tartamudez y dar un buen discurso, absolutamente nadie lo felicitaba.

Ya sea en éste caso o cualquier otro como la timidez, falta de comunicación, presentación; lo más recomendables es hacer un curso de Oratoria.

En la Oratoria nos enseñan a manejar el proceso de respiración, la tonalidad, el poder de la pausa, el lenguaje corporal entre otras cosas. De manera que nuestra comunicación será clara y efectiva.

Desafortunadamente, el enemigo de un humano es otro humano. Ver las debilidades de otras personas suelen ser más entretenidas que ver sus propias debilidades. No podemos controlar lo que otros digan o dejen de decir pero si podemos controlar como nos vamos a sentir. Recuerda que el problema no es el problema, es como lo ves.

11. **Amate, valórate-** No esperes que otros te amen y valoren si tú no lo haces contigo mismo. No se puede atraer dinero y abundancia si no te amas por encima de todas las cosas, si tus estándares son mediocres.

En mi experiencia trabajando con personas de diferentes estilos de vida, he podido observar que uno de los más grandes errores que suelen tener es la falta de amor y valor hacía ellos mismos.

Están bajo la sombra de otros, aceptando migajas de amor, comprensión ya sea por temor a no recibir ayuda económica de la pareja, perder un empleo, o ser criticados y rechazados por la Sociedad.

Cuando tus valores y apreciación por tu YO interno es

superior a cualquier otra injusticia, de ninguna manera aceptarás a nadie que deje su basura en la puerta de tu casa. "Su basura en la puerta de tu casa" es una metáfora que explica como lidiar con la negatividad externa.

Basura = Maltratos, injusticias, chismes, abusos etc.
La puerta de tu casa= Tu vida, Tu YO interno etc

12. **Toma Acción-** Se puede hacer afirmaciones, visualizaciones, tener mente positiva y demás estratégias, pero si no se toma acción en dirección a nuestras metas, lamentablemente no podremos traer dinero, abundancia o prosperidad a nuestras vidas.

Por ejemplo,
Muchas personas se quejan de haber hecho la "Pizarra mágica" poniendo diferentes fotos de viajes, dinero, casa, carros etc y no se ha manifestado. Para atraer dinero y abundancia hay varios factores que al ser ejecutados correctamente tendrán un efecto positivo en nuestra búsqueda de la conquista financiera.

Déjenme aclararles algo sumamente importante, cuando hablo de tomar acción, no me refiero a esa desesperación, impaciencia, desgaste físico y mental por lograr cosas rápidamente.

Me refiero a la acción correcta, alineada con nuestra emoción que emana del corazón conocedores que somos capaces de crear y manifestar lo que queremos. Una acción con inspiración que permitirá emanar grandes ideas, personas y oportunidades.

Por ejemplo,
Si queremos tener buena salud y un peso saludable no bastará con poner fotos de personas saludables con buen cuerpo en la pizarra mágica y sentarnos a esperar la manifestación.

Por supuesto que el creer en nosotros, las afirmaciones,

visualizaciones, pensamientos positivos etc, serán de mucha ayuda pero hasta que no tengamos un plan de acción específico y sólido todo será un sueñó.

13. **Crea algo de valor-** El dinero se atrae y no se persigue. Si queremos atraer dinero solo para satisfacer necesidades ególatras será mezquino. El dinero es un intercambio de valor. Creer en Ti y en tus posibilidades son armas esenciales para el éxito.

Haz un análisis de tus cualidades y habilidades. Enfócate en crear un producto o servicio que solucione un problema.

Si ponemos como ejemplo a grandes líderes como Steve Jobs (Apple) Bill Gates (Microsoft) Tony Robbins (Servicios de Mentoría y Coaching) entre otros, nos damos cuenta que ellos crearon una solución para resolver un problema.

Investiga que producto o servicio puede solucionar problemas de las personas. Si aún no tienes el conocimiento necesario de lo que quieres emprender entonces invierte en Ti capacitándote y te vendrán ideas para la creación de tu emprendimiento.

Tenemos que cambiar un poco el paradigma del significado del éxito. Desde pequeños se nos prepara para ser buenos alumnos en la escuela primaria, secundaria y luego el mayor objetivo a seguir es la Universidad. Se nos inculca ser buenos estudiantes para conseguir un buen trabajo y finalmente estaremos listos para cumplir los sueños de otros.

Desafortunadamente en el colegio o cualquier otra institución educativa no nos han preparado para saber cómo crear dinero y mantenerlo. Cómo cambiar la mentalidad de escasez por una mentalidad abundante y ganadora.

Por el miedo al fracaso nos aferramos a permanecer en un trabajo que nos brinde dinero aún cuando no es nuestra pasión.

Debemos aprender a tomar riesgos, caer y saber levantarnos.

No te rindas, invierte en Ti. La única herramienta que te ayudará a lidiar con los obstáculos de la vida es tu conocimiento, autoestima, confianza y amor en Ti.

Se Agradecido cuando el dinero entra o sale

La abundancia no siempre depende de cuánto dinero tengas en tu billetera o cuenta bancaria. Depende de que tan agradecido eres, aún cuando el dinero se va en cuentas pendientes.

Siempre decir "gracias" cuando recibimos dinero y decir "gracias cuando tengamos que pagar una cuenta"

Las personas me dicen, cómo voy a decir gracias a la compañía de luz o agua si me han subido el precio a pagar y no tengo ese dinero extra.

Para cambiar Tu enfoque y sentimientos de angustia tienes que cambiar la manera de comunicarte contigo mismo y pensar lo siguiente:

- Debo estar agradecido con la compañía de luz porque gracias a ellos puedo conectar mi computadora, teléfono, televisión y gozar de muchos servicios que provee la luz.
- Debo estar agradecido con la compañía de agua porque puedo cocinar, beber agua, bañarme, lavar mi ropa etc.

Se dán cuenta que hay mucho que agradecer cuando entra y sale el dinero. Si cambiamos las quejas y negatividad por amor y gratitud, definitivamente vamos a desatar nuestro poder interno y convertirnos en un Imán de Abundancia.

CREER EN TI
Y EN TUS
POSIBILIDADES
SON ARMAS
ESENCIALES
PARA EL ÉXITO

Gaby Company

Menciona tres cosas por las cuales te sientes agradecido aún cuándo el dinero salió:

1. --

2. --

3. --

Menciona tres cosas por las cuales te sientes agradecido cuando el dinero entró:

1. --

2. --

3. --

Cura tu trauma del dinero

Todos tenemos o hemos tenido una historia acerca del dinero que ha venido de generación en generación creando miedos e incertidumbre en nuestra relación con el dinero.

¿Cuál es tu relación con el dinero? Quizás conseguir dinero es difícil y tienes gastos impulsivos para callar un dolor emocional.

Es frecuente ver a personas gastar excesivamente en cosas materiales porque de pequeños tuvieron carencia económica y quieren compensar ese trauma emocional.

Lamentablemente ésta conducta emocional será como un sube y baja, sino se sana el trauma.

Basta ver a mucha gente adinerada y famosa disfrutando de grandes lujos y muchos de ellos no se sienten plenos o satisfechos con ellos mismos.

Toda persona es merecedora de manifestar dinero, abundancia, bienestar y prosperidad sin límite. No necesitamos dinero para ser felices y satisfechos con nosotros mismos, necesitamos ser primero felices y satisfechos para atraer todo lo que queremos.

Si el dinero fué un tema doloroso en tu vida, piensa y escribe en un papel o cuaderno toda tu historia acerca del dinero, como fuiste tratado de pequeño cuando pedías dinero a tus padre. Qué enseñanzas tuviste acerca del dinero?

Después, perdónate por haber llevado ese dolor contigo durante muchos años. Perdona a tus padres o a toda aquella persona que influenció en ese trauma con el dinero.

Cuándo pidas perdón al dinero empieza escribiendo tu nombre y expresa:

- "Dinero" Yo Gaby, te pido perdón por haber creado un concepto equivocado de Tí, siempre te tuve miedo, pensé que eras difícil y casi imposible de alcanzar.

Muchas veces me hablarón mal de Ti, perdóname por no haber sabido tu valor y te he malgastado.
(Escribir todo aquello que han sufrido Ustedes).

- "Padres o cualquier otra persona" ---------------- mencionen el nombre y expresen su sentimiento.

Te perdono Papá (nombre) porque me hablasté mal del dinero, me prohibisté conocerlo, me enseñasté que el dinero es sucio, no crece en los árboles, que hay que guardar pan para mayo etc.

Una vez que haz escrito tu historia del dinero, haz pedido perdón al dinero y haz perdonado a otros quema esa hoja o cuaderno. Prende una vela blanca y un incienso (el que te guste).

Y a seguir adelante con la nueva frecuencia del amor y perdón.

Éste ejercicio es muy importante, nos ayuda a curar el trauma del dinero, olvidar rencores, frustraciones pasadas. Empezaremos a enfocarnos en el amor y abrir las puertas de la abundancia.

Para de leer y has la tarea en estos momentos. No lo dejes para después. Al hacer el ejercicio descubrirás miedos, verguenza, culpabilidad, indignidad que no pensabas que podían aflorar de tu interior.

Date permiso a llorar, conectarte con tu alma y sanar.

Para lograr cambios en tu vida no basta con acumular conocimientos, tienes que hacer la tarea para crear la transformación.

BUENA SUERTE!

Enséñale a tu Subconsciente quien eres con afirmaciones "YO SOY"

Nosotros creamos nuestra realidad, somos lo que creemos y pensamos

Yo soy bendecido
Yo soy de valor
Yo soy abundante
Yo soy energético
Yo soy rico
Yo soy saludable
Yo soy confidente
Yo soy fuerte

Yo soy responsable por mis opciones
Yo soy un Imán de la abundancia
Yo soy un Rey de la manifestación
Yo soy una Reyna de la manifestación
Yo soy amor
Yo soy un líder
Yo soy una líder
Yo soy pura energía
Yo soy la creadora de mis experiencia
Yo soy disciplinada
Yo soy consistente
Yo soy exitoso
Yo soy inmensamente feliz
Yo soy auténtico
Yo soy fuente de riqueza
Yo soy amada
Yo soy respetada
Yo soy responsable de mi frecuencia
Yo soy responsable de mi vibración
Yo soy digno de respeto
Yo soy agradecido con cada oportunidad en mi vida
Yo soy mi mejor amigo
Yo soy suficiente

Repite éstas afirmaciones diariamente sintiendo su valor y eleva tu frecuencia al decirlas. Son muy poderosas!

5 Hábitos poderosos para atraer abundancia

Para crear transformación en nuestras vidas debemos erradicar los hábitos no fructíferos e implementar nuevos hábitos que nos ayuden a progresar.

La gente exitosa basa su éxito en la implementación de grandes hábitos. Nuestros resultados están basados en lo que hacemos, como lo hacemos y que no hacemos.

1. **Meditar-** La meditación es un hábito muy poderoso, nos ayuda a callar la mente de la rutina cotidiana, del bullicio de pensamientos negativos.

A veces las personas se quejan de falta de tiempo para meditar, pero si no tienen 10 minutos para invertir en ellos, entonces como pretenden atraer abundancia. Un gran porcentaje de personas viven en apuro, estrés, preocupación. Esas reacciones tienen una frecuencia muy baja y por lo tanto no alcanzan el nivel de atraer lo que tanto desean.

Cada mañana podemos meditar entre 10 a 15 minutos para establecer una mente clara, elevar nuestra energía y estar listos para la vida diaria.

En la noche antes de dormir igualmente podemos meditar agradeciendo el día vivido y programar nuestros pensamientos e ideas para el día siguiente.

A veces algunos clientes se sorprenden cuando les digo que cuido mucho de mis hábitos de manera consciente, ellos creen que el ser mentor significa estar las 24 horas del día, de los 365 días del año en perfección.

Somos energía en un cuerpo físico afrontando cada día diferentes retos y necesitamos cuidarnos de lo contrario estaremos como un barco a la deriva.

Muchas personas se quedan dormidas durante el proceso, eso es por falta de práctica. La dedicación y disciplina es vital para crear el hábito de la meditación.

2. **Agenda tu día-** El vivir en orden nos aleja del caos mental. Tener una agenda es una herramienta muy

útil para agendar todos nuestros deberes a realizar. Hay personas que no usan agenda porque dicen tener muy buena memoria, nadie duda de eso pero el beneficio de éste hábito es saber actuar de acuerdo a prioriodades y ajustar nuestros deberes diarios de acuerdo a esas prioridades.

La idea es desarrollar nuestra agenda el día Domingo por la noche con todas las obligaciones que tengamos que realizar en la semana.

Teniendo agendada la semana veremos las cosas con más claridad y organización y seremos capaces de realizar algunos ajustes si es necesario.

Siempre lo digo, cuando no tenía éste hábito mis recibos de luz y agua estaban desorganizados y no sabia cuando me tocaba pagarlos. Era doloroso recibir nuevos recibos con mora.

Desde hace muchos años tengo dos agendas, una es exclusiva para mis negocios y la otra es para todo lo concerniente a mi hogar.

Incluso en mi agenda del hogar escribo los días que voy a nadar o correr de esa manera llevo control de mis actividades, incremento el flujo de la claridad y abundancia.

3. **Realiza ejercicios-** El ejercicio físico es un gran complemento para mantenernos saludables, fuerte y vitales.

Si hablamos desde el punto de vista energético, frecuencial y vibracional es necesario estar positivos, con fuerza y ánimos para mantener nuestros niveles de frecuencia alto para que esten alineados con lo que deseamos manifestar.

La gente exitosa sabe que abundancia es sinónimo de salud. De que serviría el dinero si la salud esta desquebrajada.

Al realizar ejercicios se liberan endorfinas también conocidas como las hormonas de la felicidad dándonos una sensación bella de bienestar, salud y energía.

Si no tienes costumbre de ejercitar tu cuerpo, ya es hora que busques un tipo de ejercicio y desarrolles el hábito de hacerlo no menos de 3 veces por semana. La gente pone muchas excusas para evitar ejercitarse, se lamentan de no tener dinero para ir a un gimnasio, o no tienen tiempo para hacerlo, etc.

Si no hay dinero todavía para el gimnasio empieza por ir a caminar o correr en el parque. El tiempo no es el problema, es como organizas tus actividades dentro del tiempo diario que todos tenemos

Vigila tu alimentación diaria. Tus alimentos deben ser balanceados con buenos nutrientes e incluye ensaladas.

4. **No al chisme-** El hábito bien común de las personas es deleitarse con el chisme cotiadano, viendo defectos o debilidades en otros.

A lo largo de los años el chisme a venido a formar parte de nuestra sociedad creando entretenimiento, intriga y a veces conflictos.

Lo ideal es subir nuestros estandares y valores y hacernos la siguiente pregunta antes de ser partes del chisme:

- Lo que se está hablando es bueno para mí y para otros?
- Lo que se está hablando va a elevar mis valores y la de otros?

Al hacerse estas preguntas nuestro enfoque mental cambiará automáticamente y nos cogeremos en la trampa viciosa del chisme y tendremos la oportunidad de cambiar nuestra manera de comunicarnos.

Debemos cambiar de tema o llevar la conversación del chisme a otro ángulo, destacando puntos positivos de la persona involucrada en el chisme.

Desafortunadamente el chisme es parte de la densidad de la tercera dimensión, más materia y menos energía.

La conducta más nociva es cuando otros hablan de uno y luego muestran una buena cara. La sinceridad, honestidad y transparencia son valores primordiales en la vida de las personas.

Estos valores tienen una frequencia muy alta y si las practicamos estaremos elevando nuestra frecuencia y vibración de la abundancia.

La abundancia está dentro de uno y debemos crear el espacio correcto para permitir su visibilidad en el aspecto externo .

5. **Invierte en Tí-** Una de las preguntas que siempre les hago a mis clientes es acerca de la inversión que hacen en ellos.

Y muchos de ellos me contestan efusivamente mencionando sus joyas, carros, relojes o viajes por el mundo.

No mal interpreten mi pregunta les digo y veo la cara de asombro que ponen.

Por supuesto que es magnífico tener todo lo arriba mencionado pero el tipo de inversión al que me refiero, es invertir en tu ser interno, aquel ser invisible pero a la vez poderoso.

Siempre le digo a mis hijos: Si quieren comprarse cosas materiales fijense que hagan coordinación con su autoestima, poder interno, seguridad emocional porque se ve a muchas personas conduciendo grandes carros, llevando grandes marcas de ropa pero son las marcas que hablan por ellos y muchos de ellos solo satisfacen el que dirán por miedo al rechazo o marginación.

Les pido permiso para contarles un poco de mi trayectoria y así reducirles el camino de pruebas y errores y ser de contribución con Ustedes.

Muchos años atrás cuando no sabía lo que era tener libertad interna, libertad de pensamiento, opción y decisión, simplemente pertenecía al común denominador de personas siguiendo patrones que la sociedad u otras personas lo imponen.

Estamos programados a actuar de manera paralela al resto de la sociedad de lo contrario seremos criticados o marginados.

Recuerdo mis épocas viviendo con creencias limitantes, miedo al que dirán, no sabiendo decir "NO" y complaciendo a otros por miedo a la crítica. Les aseguro que así como yo hay un gran porcentaje de personas que aún siguen viviendo en autosabotaje, limitaciones, miedos etc.

Y lo chistoso es que muchos de nosotros no nos damos cuenta de éstos factores limitantes porque no conocemos otra manera de vivir. Lo que no se conoce no se extraña.

No me daba cuenta que al decir "Sí" a otros, me estaba diciendo "No" a mí. Muchas veces sin ser superhéroe y sin ser llamada me ofrecía a dar ayuda involucrándome en situaciones que no eran mías bajando mi frequencia y vibración. Pero como en aquel tiempo desconocía los temas de frequencia y vibración no sentía el más mínimo remordimiento.

Con el tiempo me dí cuenta que mi desconocimiento en diferentes temas de desarrollo personal y conciencia humana me alejaron de la abundancia en diferentes áreas de mi vida.

Muchas personas se quejan de la falta de tiempo para emplearlo leyendo o atendiendo seminarios. El tiempo no se controla, se manejan las actividades diarias dentro del tiempo que hay cada día.

Todo es cuestión de prioridades, se quejan de la falta de tiempo pero no se quejan del tiempo empleado viendo la televisión.

El éxito de cada persona se logra de acuerdo a las actividades y disciplina que se tenga. Hay dos tipos de personas. Aquellos que le ponen ganas para salir adelante pese a las adversidades y otros que se duermen en sus laures y sólo son espectadores de los logros de los demás.

Muchos se quejan de falta de dinero para comprar un libro, atender un seminario, conferencia o tener mentores pero no se quejan al comprar un televisor grande de muchas pulgadas o invertir en cosas superfluas.

Yo recuerdo que cuando deje Perú y llegué a New Zealand, al comienzo no tenía los recursos para comprarme libros de autoayuda o atender seminarios o tener mentores. Pero cuando te cansas de ser el observador y quieres tomar las riendas de tu vida, nada ni nada te va a parar.

A pesar que en mi País tenía una carrera exitosa y hasta un gimnasio no me sentía satisfecha en mi interior. Recuerden lo que les vengo diciendo hasta ahora, la abundancia está dentro de nosotros.

El tener mis creencias limitantes y temores no me permitían desbloquear mi abundancia interna.

Decidí estudiar lo que en el colegio no nos enseñan, a ser dueños de nuestra vida, a apreciar la importancia del dinero y como crearlo. A construir nuestra autoestima entre otros importantes temas que nos ayudan a crear fortaleza interna.

Recuerdo la primera gran inversión que hice fué atender un evento de cinco días con Anthony Robbins en Sydney-Australia y en aquel entonces años atrás el evento costaba alrededor de $ 1200.00 dólares Australianos, sin contar la acomodación, tickets de avión y alimentos. Ya se imaginarán la zona de confort que tenía que dejar para emprender una aventura de conocimiento.

Estaba decidida a ser responsable 100% de mis actos y opciones para conseguir un futuro mejor. Recurrí a mi hermano mayor que tenía más tiempo en Australia y le pedí que me hiciera un préstamo con su tarjeta de crédito para pagar mi conferencia, al enterarse de la cantidad su asombro fué mayúsculo pero mi insistencia logró convencerlo a que me hiciera el préstamo.

Pero como todo en la vida son pruebas para medir nuestra fortaleza, recuerdo que en una oportunidad no pude pagarle a tiempo y me cayó mi resondrón.

Ahora agradezco esa llamada fuerte de atención porque lloré profundamente golpeando el piso y me jure a mi misma que no iba a parar hasta conseguirlo.

Ahí empezó mi viaje de aprendizaje, he invertido en mí imparablemente, atendiendo conferencias, seminarios con grandes líderes. He leído una gran cantidad de libros, he tenido mentores y sigo siempre estudiando porque el conocimiento nunca debe parar.

A lo largo de los años he visto con mucho orgullo mi cambio interno, el desarrollo de mi fortaleza emocional. Cuando uno tiene claridad de lo que quiere las puertas de la oportunidad se abren, nuestra abundancia interna es parte de nosotros día a día y somo capazes de crear grandes imperios.

Veo mucho sufrimiento en nuestra Sociedad, autosabotaje, violencia en diferentes campos, conformismo, resignación, miedo, bloques de dinero, creencias limitantes, etc. Por un periódo de tiempo las personas invierten en ellos y desean ver resultados inmediatos. No tienen compromiso y disciplina para ejercitar la tarea de cambio y por consiguiente regresan a su misma rutina de vida y no manifiestan la abundancia.

El conocimiento es poder pero la implementación de ese conocimiento nos llevará a crear transformación en nuestra vida.

Vivimos en la era de la tecnología donde el conocimiento está al alcance de nuestras manos. Hoy en día vivir en ignorancia es una opción.

Sí hay un consejo de todo éste libro que tengas que escoger es el "INVERTIR EN TI"

Actividad:

Contesta las siguientes preguntas:

1. ¿Cómo inviertes en Tí?
___
___
___
___
___
___

2. ¿Cuáles son tus puntos débiles en tu vida?
___
___
___
___
___
___

3. ¿Cuáles son tus puntos fuertes en tu vida?
___
___
___
___
___
___

INVIERTE EN TI

CONSTRUYE TUS FORTALEZAS

Gaby Company

CAPÍTULO 3
ERRADICA EL DESORDEN DE TU VIDA

Si quieres vivir en paz y armonía,
limpia tu Mente y alrededores

GABY COMPANY

El primer paso a realizar para empezar atraer la abundancia en las diferentes áreas de tu vida es erradicar el desorden en diferentes aspectos que iré mencionando.

1. **Desorden mental-** Es el sobrepensar constantemente en diferentes circunstancias conllevando a la persona a situaciones críticas como el estrés, ansiedad, angustia entre otros sintomas que afectan el bienestar general.

Las personas se anticipan a los hechos, preocupándose por situaciones que no existen y quizás no exitirán.
No tienen un enfoque claro de lo que quieren hacer, se desesperan por abarcar muchas cosas y a la larga no son productivos y ponen sus decisiones a largo plazo.
No usan una agenda, la lista de tareas la llevan en la mente y como no hay orden de prioridades entran en confusion y

desesperación. No Podemos almacenar todo en la menta, hay herramientas importantes como tener un agenda, un diario.

Muchas veces tienen un concepto pobre de ellos mismos repitiendo y recreando constantemente pensamientos negativos, actuan en autopiloto.

Si ahondamos en las causas de este desorden mental nos daremos cuenta que las personas expectan lograr muchas cosas pero no hay una estructura o disciplina específica. Solo actuan de manera reactiva y no proactiva.

Tareas inconclusas, querer estar al compás del bullicio externo son algunas de las principales causas del caos mental.

Maneras prácticas de corregir el desorden mental:

- Realiza tus deberes de acuerdo a prioridades e importancia
- Práctica meditación no menos de tres veces por semana. Hazlo un hábito
- Reduce el multitareas. Deja de llevar todos los sombreros con diferentes tareas. Aprende a delegar.
- Realiza ejercicios
- Toma un descanso y recarga baterías.
- Limita tu consumo diario de las diferentes redes sociales.
- Aprende a decir "NO"
- No vivas en el pasado, ni te desesperes por el futuro. Vive el momento presente
- Disfruta de un masaje relajante
- Deja de ser resentido
- Deja de ser impaciente
- No pases mucho tiempo al frente de la computadora.
- Recuerda tu eres el dueño de tu vida

2. **Desorden digital-** Vivimos en un mundo tecnológico que nos facilita la manera de comunicarnos unos a otros pero al mismo tiempo se ha creado el desorden digital. Tenemos la computadora llena de información con correos electrónicos pasados o pendientes por contestar pero no se toma acción y solo está creando desorden.

Muchas personas compran cursos digitales y nunca los revisan y están almacenados ocupando espacio en el cerebro de la computadora.

Debemos guardar la documentación importante en files con nombre de esa manera regresaremos a ellos cuando sea necesario.

Sé un minimalista digital. Recuerda menos es más. Más claridad teniendo solo lo necesario al alcance de nuestras manos.

Date de baja de páginas o websites que no usas, limita tu subscripción.

3. **Desorden emocional-** De acuerdo a investigación tenemos entre 65,000 a 75,000 pensamientos por día y solo el 15% son diferentes, el resto de pensamientos son los mismos, enfocándonos en la parte negativa de cualquier situación.

Ese diálogo interno o voz interna que muchas veces nos atemoriza con ideas de miedo o limitación.

Mayormente este desorden emocional nos conlleva a tener pensamientos negativos de nosotros mismos, nuestra capacidad de surgir en la vida entre otras cosas.

Cuando vivimos en este desorden emocional y si no es atendido, se irá incrementando el nivel de autosabotaje o sindrome del Impostor.

A continuación les voy a mencionar algunos de los desordenes emocionales:

1. **Abrumado-** Te sientes estresado y sumamente abrumado por querer realizar diferentes projectos y al no poder terminarlos te entra angustia, desesperación, ansiedad y muchas veces depression.

Cómo combatir el sentirte abrumado- Recuerda Roma no fué construido en una semana.

   a. TEN METAS- Has una lista de las cosas que quieres alcanzar y enfócate en un projecto primero, ponle toda tu atención, busca los recursos necesarios que te ayudarán al proceso de ejecución de tu meta.

La acción es vital de lo contrario todo queda en sueños.

   b. DELEGA- Aprende a delegar tareas a otras personas expertas en esa materia y enfócate en tu habilidad o skill.

Recuerdo cuando empecé mi primera empresa no tenía el presupuesto para contratar a alguien que me ayude. Llevaba todos los sombreros a la vez. Me encargaba de las llamadas telefónicas, propagandas, hacer video, editar fotos etc. Todo esto me creaba estrés y desorden emocional.

Luego aprendí que no es productivo pasar tiempo haciendo cosas que nos quita tiempo porque no somos expertos en esa materia. Las personas idóneas son las encargadas de aliviarnos el trabajo.

Si hubiera algo que cambiaría de mis comienzos de emprendedora sería por supuesto el saber "delegar"

Lo que creemos es ahorro, a la larga estamos perdiendo dinero y tiempo en tareas que no somos especialistas.

Si no queremos contratar a una persona como un empleado fijo, hoy en día gracias al internet podemos contratar a personas expertas en diferentes partes del Mundo.

Si estás en el mundo de los negocios y quieres contratar a alguien para que te ayude en un proyecto, existe los servicios de "Upwork" www.upwork.com, Fiverr.com donde encontrarás diferentes tipos de ayuda como diseños de website, editaje, etc.

No hay ataduras permanentes con estas personas porque los trabajos son a proyectos terminados.

También encontrarás los servicios de una asistente virtual que te puede ayudar en la administración, contacto con clientes entre otras cosas.

Te dás cuenta que siempre hay una solución a cada reto si lo vemos de esa manera. Lamentablemente muchas personas se ahogan en el problema y entran a crisis emocional paralizando el flujo de la abundancia y productividad.

Recuerda el problema no es el problema, es como lo vemos y actuamos para salir de esa situación.

Si el desorden emocional es en el hogar también tenemos que delegar tareas. A quiénes delegamos?

A nuestros hijos, pareja o cualquier otro integrante de la familia. En Sud América existe mucho el machismo dejando en claro que las tareas y deberes del hogar son trabajo de amas de casa. Felizmente la mentalidad está cambiando pero no en su totalidad.

El trabajo en equipo es beneficioso porque se divide el trabajo entre varias personas y aumentan los resultados.

Les cuento que cuando yo llegué a New Zealand y luego Australia, al comienzo me chocó bastante. Yo venía de Perú de una familia clase media acomodada teniendo empleada desde que nací y expectaba vivir así. Sin embargo la realidad era otra.

Las personas son muy independientes, tanto el hombre como la mujer colaboran, tanto económico y cuidado del hogar.

Y si la mujer no trabaja afuera, pues está también trabajando dentro del hogar y quizás es un trabajo más duro.

Tengo 26 años fuera del Perú (Estamos en el 2023) y ya me he acostumbrado al sistema de vida.

En mi hogar, mi esposo y yo cocinamos, nos dividimos el trabajo de acuerdo a nuestros horarios laborales.

Siempre les inculco a mis hijos que el desorden se puede evitar si todos regresamos las cosas a su respectivo lugar. Si lavamos lo que utilizamos. En la parte del desorden físico les explicaré con más detalle como erradicar el desorden de los diferentes ambientes del hogar u oficina.

Dejénme decirles que los Países se desarrollan y prosperan por su Gente con valores y mentalidad ganadora y no una mente de victimización.

Las cosas no cambian si nosotros no cambiamos, es hora de aplicar nuevas creencias, valores y estandares en nuestras vidas. Es hora de enseñarles a nuestro prójimo el amor por nosotros mismos y el amor y respeto a otros. Solo así nuestra vida cambiará, de lo contrario se seguirá viviendo en el desorden mental, emocional y ambiental.

    c. CREA NUEVOS HÁBITOS- Decide cambiar tus hábitos destructivos e implementa hábitos potenciales.

Por ejemplo,
Si acostumbrabas a ver las noticias al despertar o durante el día, es tiempo de no hacerlo. Las noticias negativas solo nos trae incertidumbre, tristeza y desesperanza. Cambia ese hábito por leer una media hora si quiera al levantarte o acostarte.

Realiza ejercicios en la mañana para preparar tu mente y cuerpo a tu faena diaria.

Yo no veo noticias, y muchas personas me preguntan si no ves noticias entonces como te enteras de lo que pasa en el Mundo.

Amistades o familiares me comentan lo que pasa en el Mundo y solo escucho un porcentaje de ello porque no necesito pasar tiempo alimentándome de la negatividad.

Paso mi tiempo aprendiendo, creciendo como persona de contribución al Mundo, creando contenido positivo y cuidando mi Mundo que es mi Familia.

    d. VIAJA- El mejor regalo que te puedes dar para sanar tu desorden emocional es viajar. El viajar nos ayuda a aprender nuevas costumbres, estilos de vida, nos alimenta el alma y espíritu.

Acá en Australia, el viajar no es un lujo es un sistema de vida. Se trabaja pero también somos conocedores del beneficio de premiarnos y cuando tenemos un feriado o salimos de vaciones lo primero que hacemos, es organizar un viaje ya sea con amigos, solos o con la familia.

Es una estratégia muy importante para recargar nuestras baterías de la mente y cuerpo.

Tuve una clienta que cuando le sugerí viajar para disiparse de sus problemas emocionales, lo primero que me dijo fué; que la palabra viaje no existía en su vocabulario, porque eso demandaba mucho dinero y solo los millonarios podían darse ese gusto.

Entonces le dije si así lo crees pues tienes mucha razón! Lo que crees y piensas lo decretas. Eso es la ley de atracción.

Se dan cuenta como de manera subconsciente estamos reafirmando creencias limitantes y mente de escasez.

Te propongo que pongas en tu mente la idea de viajar. No

necesitas irte lejos a otros Países si aún no lo puedes hacer, decide viajar a cualquier parte dentro de tu País.

En Navidad date tu propio regalo "compra un pasaje con destino a donde quieras visitar", ese pasaje ponlo dentro de un sobre a tu nombre y déjalo debajo del árbol de Navidad junto con otros regalos.

Verás más de una cara sorprendida incluyendo la tuya.

2. **Miedo y preocupación-** El miedo es un mecanismo de autoprotección y nunca va a desaparecer completamente, tenemos que aprender a manejarlo y sacar ventaja de él porque no simpre es malo.

Cuando nos previene de un peligro o circunstancia negativa entonces el miedo nos hace reaccionar ante ese peligro inminente. Pero cuando el peligro nos innunda de temores constantes y nos paraliza, entonces ese miedo no es bueno.

El miedo se produce ante una situación desconocida y se pronuncia con cambios fisiológicos en nuestro ser:

- Respiración rápida y agitada
- Pulsaciones rápidas del ritmo cardiac
- Llanto
- Temblores
- Átaques de pánico

Hay varios tipos de miedo:

- **Miedo al fracaso.-** Nos anticipamos a los hechos, creamos historias muchas veces irreales que no existen o exitirán.

Por ejemplo,

Una persona tiene una presentación en el trabajo y su miedo lo lleva a pensar que todo será un fracaso. Incluso llega a pensar en situaciones extremas como pérdida de trabajo, crítica de los colegas etc.

Una acción proactiva es hacer un cuestionamiento a ese miedo.

1. Es ese miedo cierto o solo está basado en mi mente?
2. Cuál es lo peor que podría pasar si enfrento ese miedo?
3. Cómo me sentiría si tomara acción y enfrento a ese miedo?

- **Miedo al éxito-** Es increíble creer que no solo se tiene miedo al fracaso, hay un gran porcentaje de personas que tienen miedo al éxito.

Y porqué se puede tener miedo al éxito, si se supone que todo anda bien en la vida.

Es un miedo a una nueva etapa de vida desconocida donde podría involucrar toma de nuevas decisiones y el temor a equivocarse.

Sienten miedo a la visibilidad, estar más expuestos a la opinion pública, a ser rechazados por amigos o familiares que no están en el mismo nivel de uno. Temor a nuevas responsabilidades y no cubrir las expectativas del éxito.

Acciones proactivas para vencer ese miedo:

1. Date permiso a ser exitoso aún cuando nadie de tu vínculo lo es. Disfruta cada paso y meta lograda.

2. Piensa a cuánta gente podrás ayudar debido a tu éxito
3. Siéntete orgulloso en la persona que has tenido que convertirte para alcanzar el éxito. Recuerda no es el éxito en si. En qué clase de persona te conviertes durante el camino al éxito

- **Miedo de hablar en público-** Todos sabemos hablar pero no todos sabemos comunicarnos, hay una gran diferencia entre ambos.

El hablar en público es un arte de expresión creando una magia invisible y conexión entre el orador y la audiencia.

La comunicación es una arma poderosa en la vida de todo ser humano, la falta de oratoria hace que muchas personas se escondan en sus miedos, en la zona de confort y no demostrar su potencial en toda la extension de la palabra.

Trabajando con clientes me puedo dar cuenta del pánico que tienen de mostrarse en público. Me comentan que sienten sudor en las manos, dolor de cabeza, ansiedad y prefieren obviar una presentación.

Si hacemos una reflexión, se dán cuenta que hablar de abundancia en todas las áreas de la vida de uno , no es solamente hablar de dinero. La abundancia va más allá de lo material.

La abundancia está dentro de uno y tenemos que saber como desbloquear y usarla en nuestra vida diaria.

A veces las personas se preguntan porque no mantienen el éxito. Pórque es efímero?

Quizás porque se esfuerzan demasiado en conseguirlo, no viene del potencial interno sino de los códigos de esclavitud ancestral.

Si usamos nuestro conocimiento adquirido sumado a nuestro poder interno alineado con una frequencia de abundancia en todas las áreas de nuestra vida, nuestro éxito será consistente.

Por ejemplo,

Por qué algunas personas que ganan la lotería disfrutan de ese dinero a tal punto que se quedan sin nada, hasta más endeudados que antes?

La programación mental de estas personas es de escasez y sufrimiento. Inician hábitos para llenar vacíos emocionales o materiales.

El dinero es energía y debe ser visto y apreciado como un ser viviente para continuar el flujo y abundancia de este.

- **Miedo al que dirán-** Es una limitación emocional negativa, siempre pensando en la aceptación y aprobación de los demás.

Algunas personas tienen poca autoestima, confidencia o amor propio y no saben lo valiosos que son y le dan todo el poder a otros.

Si nuestra vida depende de la opinión de otros estamos actuando en supervivencia. Definitivamente no tenemos control sobre la opinion de otros.

Teniendo en cuenta que somos energía infinita con poder interno, lo que digan o dejen de decir otros acerca de nuestra persona no es de nuestra incumbencia .

Estratégias para vencer este miedo:

    a. **Participa de eventos networking-** Date permiso a conocer más personas e incrementar tu círculo de amistades. Recuerda siempre encontrarás bueno y malo como en una farmacia.

    b. **Defiende tu posición-** Explica tus puntos de vista sin llegar a conflicto
    c. **A veces el envidioso critica-** Puede haber una envidia oculta detrás de esa crítica. Alza la cabeza y siéntete orgulloso de los pasos que estás dando aún cuando sean pequeños.

- Miedo a la soledad- Este es un tipo de miedo asociado a varios factores, puede ser timidez a situaciones o personas desconocidas.

Los empresarios a veces sufren de este miedo debido a su carga de trabajo y se sumergen en sus ideas, proyectos.

El miedo a la soledad en personas que emigran a otro País es muy frecuente debido a las costumbres culturales, el idioma etc.

Sobretodo en personas que viajan solas por trabajo o estudios.

Estratégia para vencer este miedo:

- Algo valioso que aprendí de mis mentores y grandes líderes, es que la mejor compañía que podemos tener es "Nosotros mismos"

No necesitamos de nadie para no sentirnos solos. Yo les pregunto a Ustedes: Cuándo fué la última vez que se comunicarón con Ustedes mismos?

Cuando hago esta pregunta a mis clientes ellos me miran sorprendidos porque desconocen ese hábito tan sublime e importante de nuestro ser.

O cuando hablan con ellos mismos es para denigrarse e instalar afirmaciones negativas de las cosas que no pueden conseguir.

El hecho de vivir rodeado de mucha gente no garantiza no sentirse solo. El actor Americano y comediante Robin Williams ya fallecido, una vez comentó que tenía mucha gente a su alrededor pero se sentía muy solo.

RECUERDA TÚ MEJOR COMPAÑÍA
ERES TU MISMO!

3. **La preocupación-** Es un estado emocional que nos lleva a preocuparnos por eventos, situaciones futuras.

Esta incertidumbre, angustia genera sensación de ansiedad elevando los niveles de estrés.

Al mantenernos en este estado, se está viviendo en supervivencia pensando en cosas que pasaron en el pasado y que podrian pasar nuevamente en el futuro.

Las personas generan diferentes sintomas físicos creados por su mente como dificultar para concentrarse, dolor muscular, dolor de cabeza, entre otros sintomas

Estratégias para lidiar con la preocupación:

a. **Vive el presente momento-** Enfócate en la gratitud y empieza a mencionar no menos de 10 cosas por las que estás agradecido.
b. **Practica la meditación-** De 10 a 15 minutos diarios para callar el bullicio interno, sentirte mas relajado y poder enfocarte en las oportunidades.
c. Busca una esquina de tu casa y denomína-

la "La esquina de la preocupación" Busca otra esquina opuesta a la esquina de la preocupación y denomínala "La esquina de la alegría"

El trabajo consiste en darte permiso a preocuparte todo lo que quieras en la esquina de la preocupación. Párate mirando la pared en la esquina de la preocupación por uno a dos minutos máximo y menciona en voz alta todas tus preocupaciones, temores. Mueve tu cuerpo, grita si lo necesitas. Luego calculando el tiempo sin pensar ve CORRIENDO hasta la esquina de la felicidad y mirando a la pared comienza a mencionar todas las cosas por las que estás feliz.

Menciona tus logros, esperanzas, alza tu frecuencia, sonríe, baila, mueve tu cuerpo. Ésta es tu oportunidad para instalar en tu subconsciente emociones positivas y elevar tu frecuencia y vibración.

Éste ejercicio es muy efectivo y poderoso.

4. **Desorden de tu Ambiente Físico-** La acumulación de desorden en diferentes ambientes de tu hogar u oficina es la primera causa del estancamiento del flujo de la abundancia.

Dinero, prosperidad y abundancia no se acercará a tu hogar porque la energía está saturada de desorden. Tienes que empezar a limpiar, ordenar, dejar espacio para que entre la energía positiva y activar el flujo continuo de abundancia.

Puedes tener una lista grande de cosas que quieres manifestar pero no se manifiesta lo que se quiere, se manifiesta lo que eres.

Si las áreas de tu casa estan almacenadas de cosas que no usas pero las tienes ahí a lo largo del tiempo. Qué mensaje le estás mandando al Universo? Crees ser merecedor de atraer y recibir abundancia?

Por supuesto que NO!

El caos y desorden es un reflejo de tu parte interna. Si erradicas el desorden por completo en tu ambiente físico, tu estado mental y emocional mejorará a grandes niveles y estarás vibrando en felicidad y abundancia de adentro hacía afuera.

El desorden te hace desgartar energía porque no tendrás claridad y enfoque. Yo recuerdo cuando se me era difícil encontrar mis papeles o recibos que tenía que pagar, ocupaba tiempo innecesario tratando de encontrarlos.

En mi camino de aprendizaje descubrí a "Marie Kondo", Japonesa especialista en ordenar y organizar cualquier ambiente y hacerte la vida más fácil y agradable.

Leí varios de sus libros, he visto muchos de sus videos en Netflix y lo más importante he aplicado sus estratégias en mi vida diaria.

Puedes encontrarla en Netflix series "Tydying up with Marie Kondo" éste es un conjunto de series que si vale la pena verlos.

A veces nos quejamos de falta de espacio en el closet, alacena, cocina etc. Pero no nos damos cuenta que el problema no es la falta de espacio, es como organizamos las cosas.

A continuación les estaré explicando maneras fructíferas de erradicar el desorden en diferentes áreas del hogar y empezar a manifestar el flujo de abundancia en sus vidas

DORMITORIO:

- **El closet-** Si encuentras ropas que no has usado por un año porque estás esperando adelgazar o te da pena deshacerte de esa prenda por sentimientos adjuntos. Es hora que te deshagas de ellas y las dones a personas que si las necesitan y van a usarlas.

Una estratégia muy interesante que aprendí de Marie Kondo, es a no sentir apegos. Si lo que tienes te hace feliz y lo usas esta bienvenido de lo contrario déjalo ir. Ella aconseja hacer una pila de esas prendas y expresar agradecimiento por el tiempo que estuvo con nosotros y nos hizo feliz. Luego dejarlas ir.

Cada temporada hago un chequeo de mi closet y veo lo que ya no voy a usar y agradezco infinitamente a esas prendas por el tiempo que me hicieron vibrar, y las dono. Es maravillosa la sensación que se siente. Después de poco tiempo manifiesto nuevas prendas y me doy cuenta que importante es dar espacio a nuevas cosas y permitir que el flujo de la abundancia continue consistentemente.

Muchas personas podrán decir, que no tienen dinero para estar regalando sus ropas y comprándose nuevas. Bueno si así lo creen tienen razón. Lo que se piensa y cree se atrae.

Es importante mantener el closet ordenado por categorías. Sección zapatos, camisas, blusas, faldas, pantalones, medias, ropa interior.

Incluso de acuerdo a mini categorías por ejemplo: ropa sport, casual o elegante. Les puede parecer trabajoso hacerlo pero no lo es. Encontrarán con facilidad lo que necesitan de acuerdo a la occasion.

A veces algunos de mis clientes se quejan que no saben que ponerse día a día. Lo que pasa que no encuentran nada adecuado en el mar de desorden.

He desarrollado el hábito de tener en mi closet solo atuendos de la temporada. Me tomo el tiempo de guardar la ropa y zapatos en cajas y etiquetarlos con su respectivo nombre. Pareciera mucho trabajo pero les aseguro que no lo es.

Yo les pregunto que tienen que hacer para vivir mejor? Para vivir en abundancia y paz interior?

Hace un par de años uno de mis sueños era manifestar

un cuarto especial solo para mis zapatos, joyas, sombreros y carteras. Siempre visualizaba en los ojos de mi mente este cuarto con lo antes mencionado.

Ni por un momento tuve duda de ésta manifestación, cada vez que lo visualizaba agradecía anticipadamente. Sentía una emoción e inmensa gratitud dentro de mi corazón.

Dos años despúes manifesté un hermoso cuarto donde ahora están solo mis zapatos, joyas, carteras y sombreros.

- Televisor, computadora- En mi primer libro explico la importancia de no tener un televisor en el dormitorio, ni computadora.

El dormitorio es para dos cosas: La intimidad con la pareja y el descanso.

Aún cuando no se tenga pareja el dormitorio es solo para el descanso.

Recuerden que todo es energía y hay que estar conscientes de lo que se quiere atraer al dormitorio.

Por supuesto que debe ser delicioso ver televisión echados en la cama y luego quedarse dormidos. Pero dónde queda el ambiente sagrado para el flujo de la abundancia de salud y descanso reparador. El flujo de la abundacia de conexión con la pareja o con nosotros mismos.

Existe un terrible y antigiénico hábito, "comer en el dormitorio".

Si una persona está enferma es perdonable que coma en la habitación de lo contrario es inaceptable

Es una desfachatez querer atraer abundancia, dinero, salud y prosperidad y no querer cambiar hábitos nocivos.

Cada cosa en su lugar! Tenemos que crear ambientes adecuados para cada cosa. No es falta de espacio. Es falta de decisión, visión y responsabilidad.

En qué clase de persona te tienes que convertir para crear la vida abundante y digna de tus sueños?

- **Debajo de la cama-** Ésta es una área donde hay una acumulación de zapatos, revistas, y hasta ropa.

Es importante tener el espacio libre de desorden porque el flujo de la buena energía recorre en forma circular desde el piso hasta donde la persona esta durmiendo. Si no hay flujo positivo, la salud de la persona se verá afectada

- **Veladores y cómoda-** Deben tener solo las cosas necesarias que se usan. A veces hay costumbre de almacenar los remedios en el velador o cómoda y de acuerdo al Fengshui (Práctica Tradicional China) el organismo siempre se acordará estar enfermo.

Ésta práctica China menciona que el ambiente debe preservar armonía con el individuo.

Tip: Si quieren tener pareja dejen un espacio en el closet para las prendas de la futura pareja.

Igualmente dejen espacio en la cama. No tengas fotos o cuadros de personas solas o tristes.

Es importante creerlo y sentirlo. Dejen que el tiempo haga su magia

COCINA:

- **Alacena-** Se dice que la alacena es una parte fundamental y muy importante de la cocina para atraer abundancia porque ahí están ubicados los alimentos.

Poner los cereales, menestras, azúcar, sal etc. en frascos con tapa hermética y etiquetados con nombre.

Incluso deben colocarse por categorías.

Por ejemplo,

Todo lo que son menestras en una sección, repostería en otra sección etc. De esta forma habrá claridad, orden y limpieza.

- **Utensilios-** En los cajones del repostero se debe ubicar los cubiertos en caja con separadores, de tal manera que las cucharas, cucharitas, cuchillos, tenedores estarán al alcance de la mano. En esta área colocar la cantidad de utensilios de acuerdo a la cantidad de personas que habitan en el hogar y quizás unos 3 extras para las visitas. Los demás utensilios deben ser guardados en la vitrina.

En el siguiente cajón del repostero se puede ubicar cucharones, tenazas, etc.

En otro cajón del repostero ubicar manteles, agarradores de ollas, fósforos, tijeras etc.

- **Vajilla-** Tener al alcance la cantidad de platos, copas, tazas, de acuerdo a la cantidad de habitantes y algunas adicionales para visita. Lo demás en la vitrina o cualquier otro lugar en el repostero.
- **Ollas-** Todas las ollas y sartenes en una misma area del repostero.

Para conservar el orden recuerden que todo lo que sacan regresa al mismo lugar. No permitir que se acumulen las cosas en el lavadero porque trae desorden y no hay flujo de abundancia.

GARAGE:

Éste es el área donde se guardan las herramientas, bicicleta, carro si lo tienen. Yo uso una parte del garage para guardar mi ropa de la siguiente temporada. Cada caja está etiquetada con nombre y número.

Tip: Si tienen carro y quieren traer pareja, no pongan su carro en el medio. Estacionen el carro a un costado ya sea Izquierdo o derecho para invitar a la energía de su futura pareja manifestarse.

SALA/COMEDOR:

Los muebles deben estar limpios y nada roto. Remover cuadros que den tristeza o muestren violencia. Poner cuadros alegres con la familia o paisejes bellos que te eleven tu frecuencia.

No tener flores artificiales o flores naturales secas. Hay lindos arreglos florales artificiales que venden, sin embargo en lo posible no tener éste tipo de flores.

Decorar con plantas naturales de Jade o Llama plata para atraer dinero.

Las flores naturales irradian frescura, energía viva y nos hace sentir mejor.

Recuerda la técnica de Marie Kondo, tener solo cosas que te apasionen, que no traigan desorden. Cuánto menos cosas tengas en estos ambientes más elegante se verá tu casa.

BAÑO:

Poner mucha atención a los frascos vacios de perfume, champú, rollos de papel higiénico o el chisguete de la pasta dental que se van acumulando en el baño.

PUERTA DE ENTRADA DE LA CASA:

La puerta de entrada debe dar la bienvenida a la abundancia y prosperidad. Es la cara de cualquier hogar y debe estar limpia y decorada con un par de macetas con bellas plantas que atraigan dinero. Las macetas se ponen una a cada lado. No tener cactus en la entrada de tu casa porque llama a la negatividad y aleja la fortuna. Representa energía densa y negativa por las espinas.

Remueve cualquier maceta rota, focos que no prenden o cualquier cosa que obstaculice la entrada a tu casa.

OFICINA:

En las oficinas cuanto más ocupadas están las personas, más crece el desorden alejando el flujo de abundancia, paz interna y productividad.

La oficina puede ser fuera de tu casa o dentro de ella.

Pasa una revisión completa a tu oficina y decide erradicar todo aquello que está ocupando espacio innecesario o creando confusión y estrés mental.

Consigue 5 cajas de tamaño mediano y etiquétalas con los respectivos nombres:

1. **Mantener-** Pon en esta caja todo aquello que estas usando actualmente y te sirva en tu trabajo diario.
2. **Guardar-** Para no sobrecargar la energía es importante tener a mano solo las cosas que se usan a diario, lo demás tenerlo en un archivador estante especial. Por el momento pon en la caja de guardar todo lo que no usas en ese momento.
3. **Donar-** Si quieres renovar escritorio, sillas u otras

cosas de la oficina es importante que las remuevas y las dones sin sentir apego o remordimiento.
4. **Vender-** A veces nos acumulamos de cosas que hemos comprado en demasía o son regalos que no nos gusta. Entonces podemos venderlas y tener un dinero extra, encima nuestra oficina estará en orden.
5. **Botar-** En esta caja tenemos que poner todo aquello que está roto, ya no se usa o está expirado.

Una vez que ya tienes todo en diferentes cajas, es hora de proceder a la acción y ubicar las cosas en sus respectivos lugares.

Por ejemplo,

Si en la caja de guardar hay cosas que no usas entonces llevarlo a estantes o archivadores etiquetados con nombres. Recibos que son importantes pero no los necesitas por el momento, lapiceros, cuadernos etc, colocarlos en lugares antes mencionado.

Proceder ubicando de acuerdo a las cajas. El escritorio es el área mas usada y debe estar libre de papeles, demasiado cuadros de fotos.

Para mantener el orden en tu escritorio consistentemente, desarrolla el hábito de los cinco minutos. Cada día al terminar de trabajar, durante 5 minutos limpia y ordena tu escritorio. Al día siguiente tu mente te lo agradecerá porque trabajarás con claridad y más productividad.

En conclusion, remover el desorden de tu vida te ayuda a vivir en paz, disminuir el estrés, erradicar la ansiedad.

El desorden esta ocupando espacio y bloqueando el flujo de abundancia. Una vez que se remueve la densidad del desorden verán como empiezan a atraer la abundancia y prosperidad de manera consistente.

Encontrarán con facilidad las cosas y serán más productivos.

CUIDA TU
MENTE

REMUEVE EL
DESORDEN DE
TU VIDA

Gaby Company

CAPÍTULO 4
ELEVA TU VIBRACIÓN

> Apreciar lo que aparece en tu vida cambia tu vibración personal. La gratitud eleva tu vida a una frecuencia más alta.
>
> OPRAH WINDFREY

Todo es energía y vibración a una frecuencia específica. La frecuencia y vibración que proyectas buscará alineación con esa vibración.

Si vibramos en escasez, por ley energética atraeremos más escasez.

Los pensamientos, sentimientos, producen igualmente energía vibracional, entonces tenemos que estar conscientes de nuestra manera de pensar, las emociones que sentimos, incluso cuidar nuestro lenguaje

Formas poderosas para elevar tu vibración

1. **Conéctate con la naturaleza-** Tenemos que sentirnos abundantes antes que la abundancia aparezca en el mundo físico. Tenemos que ser más energía que

materia. Estar en contacto con la naturaleza ayuda a elevar nuestra vibración energética interna porque estamos conectados a la tierra y espacio.
2. **Bailar-** A veces la energía negativa esta almacenada en el cuerpo creando emociones de tristeza, angustia por consecuencia la vibración es muy baja alineada con la escasez.

El baile ayuda a mover todo el cuerpo permitiendo que la energía fluya de manera positiva. Nuestros ánimos y salud mental mejorarán.

3. **Afirmaciones-** Repetir afirmaciones diariamente es una forma poderosa de elevar la vibración.

No es suficiente repetir las afirmaciones sin sentirlas verdaderas. No es la repetición de afirmaciones que ayudan a manifestar abundancia, es la creencia en ellas y la emoción que se proyecta al mundo quántico.

Por ejemplo,

Si una persona afirma "Yo atraigo dinero a mi vida consistentemente" pero su mente , sentimiento y cuerpo lo ponen en duda porque se enfocan en su realidad y no en la posibilidad, desafortunadamente la vibración será muy baja y no habrá manifestación de abundancia.

4. **Visualización-** Es ver con los ojos de tu mente todo lo que deseas atraer de tu futuro en tu momento presente.

Mírate manifestando todo lo que quieres atraer. Cómo te sientes recibiendo todo lo que deseas?

Igualmente, se tiene que creer, sentir la emoción y elevar la frecuencia durante el proceso de visualización para convertir lo invisible en visible.

5. **Medita-** Como ya lo hemos mencionado varias veces la meditación es una disciplina muy valiosa y poderosa para elevar la vibración y alinearnos con dimensiones superiores.

La respiración es muy importante para relajarnos y callar los pensamientos negativos.

Hay varios tipos de meditación:

- Meditación echado
- Meditación parado
- Meditación sentado
- Meditación caminando

Desarrolla el hábito de meditar no menos de 5 veces por semana.

Si nunca has meditado quizás al comienzo sea difícil relajarse y entrar en
estado de trance.

Poco a poco irás desarrollando el músculo de la meditación y será parte de tu rutina y disciplina diaria.

1. Aprende a decir "NO"- El estar complaciendo a otros baja nuestra vibración porque estamos en un estado de supervivencia no siendo dueños de nuestras propias opciones.
2. Recuerda que decir SI a otros, es decir No a nosotros mismos
3. Desconéctate de las Redes sociales- Vivimos en un mundo tecnológico dependiendo mucho de las dife-

rentes redes sociales dónde no siempre lo que se consume es saludable.

Dáte permiso a disfrutar un tiempo exclusivo contigo mismo. Véte a pasear al parque, ir de compras o mirar tiendas. Entra a un bonito restaurant y tómate un café.
Sentirás una emoción y vibración muy bonita y elevada. El compartir tiempo contigo mismo es maravilloso.
Cada dos meses me gusta tener un tiempo conmigo misma y me voy a ver tiendas y me premio con algo bonito y representativo para mí. Luego me voy a un restaurante a tomar un café.
Es una experiencia maravillosa y les recomiendo que lo apliquen en su vida. Para atraer abundancia tenemos que estar rodeados de la abundancia y empezar a experimentar esa frecuencia.

4. Perdona y perdónate- Debemos perdonarnos por haber vivido por mucho tiempo bajo la sombra del miedo, amargura, escasez, etc. Estos sentimientos negativos han impedido el flujo de la abundancia en diferentes áreas de nuestras vidas.

Al ver nuestros errores y perdonarnos encontraremos paz interna y nuestra vibración estará bien alta alineada con la abundancia y prosperidad.
Perdonar a otros. No necesitamos hacerlo físicamente. Lo podemos hacer en meditación o escribir todo lo que sentimos y quemar ese papel. Recuerda que el perdonar a otros es hacernos un favor a nosotros.

5. Enfócate en lo que quieres- Lo que te enfocas se expande. Si quieres atraer abundancia enfócate en ser y sentirte abundante.

Por ejemplo,

Si quieres comprarte una casa, no te enfoques en que no tienes aún el dinero para comprarla. No te preocupes del "CÓMO" Empieza a visitar casas que están a la venta y recrea con tus ojos cada ambiente de esas casas e Imagínate viviendo en la casa de tus sueños. Respira hondo y siente la emoción como si ya es tuya.

Pareciera imposible pero si empiezas hacer este trabajo continuamente, verás la magia venir a tu vida.

Jack Canfield, Autor americano, orador motivacional, empresario y co-creador del famoso libro "Sopa de pollo para el alma" cuenta que el no tuvo dinero en sus inicios pero tenía las ganas de salir adelante y ser exitoso. Una de las cosas que hizo con su esposa fué visitar casas y cada vez que entraba a verlas se imaginaba que ya tenía su casa propia. Incluso sentía el aroma del café que preparaba.

Jack Canfield, nunca se dió por vencido. Entre otras cosas también repetía afirmaciones una y otra vez, sintiendo la emoción y viendo su futuro en su momento presente. Lo demás es historia.

Ahora es un gran líder cambiando la vida de muchas personas en el Mundo. Lo que puedes imaginar en tu mente, lo puedes ver en tus manos.

En una conversación con uno de mis clientes. Me decía que él cumplía con todas las estratégias mencionadas pero la suerte y abundancia le sonreía esporádicamente y se sentía frustrado.

Ahondando más en su situación me dí cuenta que esta persona esperaba resultados inmediatos. A la primera oportunidad que se presentaban retos en su casa u oficina regresaba a la indecisión, miedo de no ser lo suficientemente capaz de tener éxito.

Elevar la frecuencia y vibración debe ser un hábito instalado en sus vidas de manera permanente y consistentemente.

Entiendo que no hay perfección y no todo el tiempo es felicidad. Pero nuestra misión es saber bailar con los retos de la vida.

- Ante una situación negativa es tu OPCIÓN sentirte afectado o aprender de ella.
- Ante un llamado fracaso es tu OPCIÓN rendirte o crecer como persona

La gran mayoría de personas actuan en Autopiloto de manera subconsciente y reaccionan de acuerdo a las circunstancias exacerbando sus emociones negativas. Estas emociones no saludables se hospedan en el cuerpo bajando los niveles del sistema inmunológico, produciendo a largo plazo genes de enfermedad.

¿Qué hacer entonces?

Si reaccionamos negativamente ante una situación, estar atentos que tiempo demora esa reacción negativa. Cogernos en esa emoción de negatividad y automaticamente cambiar nuestro estado. Tenemos que pensar más en estado consciente.

De acuerdo a investigación, la ciencia menciona que el ser humano pasa el 95% en su mente subsconciente, la mente programada para dirigir decisiones, pensamientos, hábitos de manera autopiloto. Solo el 5% es la mente consciente que el ser humano utiliza.

El estado subsconciente actua de manera repetitiva y no sabe si lo que se piensa, siente o actua es bueno o malo.

El estado cosciente es más selectivo en el actuar.

Por ejemplo,

Cuando se levantan y se lavan los dientes, no piensan la noche anterior que tienen que lavárselos al levantarse. Simplemente lo hacen porque ya está programado en el subsconciente. Así como este ejemplo hay una gran variedad de hábitos, acciones y actitudes que tenemos y realizamos de manera subsconciente.

Si sabemos esto, entonces tenemos que prestar más atención al estado consciente. ¿Se imaginan ustedes cómo cambiaría nuestras vidas?

Diferente realidad para cada persona

Cada persona puede tener diferente realidad comparada a otra persona debido a su frecuencia y vibración. De acuerdo a sus percepciones y creencias emanarán una vibración alta o baja.

El tipo de vibración atraerá todo aquello que este alineado a esa frecuencia.

Por eso es importante tener una clara escena de lo que se quiere alcanzar. ¿Cuál es la razón o propósito de lo que se quiere logar?

Una vez que sabe lo que se quiere, mantener el enfoque, visualizar, hablar y sentirlo hasta que lo invisible se convierta en materia.

No es extraño que personas viviendo más en gratitud y teniendo pensamientos positivos vivan en armonía y atraigan abundancia consistentemente.

El Autor spiritual Eckhart Tolle en su libro "El poder del Ahora" nos confirma la importancia de apagar los pensamientos negativos que recrea nuestra mente día día. Nos explica que tenemos que estar conscientes de nuestro cuerpo interno para elevar la vibración a grandes niveles. Cuando se está en vibración alta es casi imposible que los problemas externos nos afecte porque habremos liberado la energía positiva que estaba estancada en el cuerpo.

Tendremos más capacidad para sobrellevar o erradicar la negatividad, por lo tanto atraeremos nuevas experiencias a nuestra vida.

Vivir en el presente momento y disfrutarlo en su magnitud es vital para elevar la vibración. Dejar de postergar las cosas para un futuro impredecible, el momento de vivir es ahora.

Alarma de tu teléfono

Esta estratégia es muy poderosa para elevar nuestra energía vibracional.

Consiste en poner la alarma en tu teléfono cada hora y cada vez que suena la alarma haces una pausa a lo que estabas haciendo y empiezas a elevar tu frecuencia ya sea cantando, haciendo afirmaciones, bailando etc.

Conforme pase el tiempo podrás poner la alarma cada 2 o 3 horas. Verás como aumenta tu energía y capacidad de atraer abundancia en diferentes áreas de tu vida.

Esta estratégia ayuda a remover viejos paradigmas e instalar nuevas creencias de poder en tu subsconciente.

La consistencia y perseverancia es CLAVE.

Manifesta tu futuro en el momento presente

Puede sonar inverosímil el manifestar nuestro futuro en el presente momento.

Un gran porcentaje de personas están acondicionadas a luchar por un futuro lejano que muchas veces no creen que lo puedan lograr.

La famosa resolución de comienzos de Año. Cada Nuevo Año las personas juran que cambiarán, se ponen metas, resoluciones para el nuevo año que empieza. Mantienen esta motivación y frecuencia por un par de meses luego por una u otra razón en su realidad regresan al pasado, y viven en el papel de victimas culpando al mundo externo por sus desdichas.

Visualizamos un futuro abundante olvidándonos del pasado. Para atraer la riqueza tenemos que sentirnos primero ricos.

Qué afirmaciones ayudarán a instalar este concepto en nuestro corazón y conciencia?

Las afirmaciones "YO SOY"

- Yo soy creador de mis experiencias
- Yo soy abundante
- Yo soy puro amor etc

Al decirlo hay que sentirlo, hay que verse ya manifestado lo que se busca.

Ejemplo,

Si te ves ya abundante en tu futuro y ahora lo quieres sentir en tu presente que tienes que pensar, sentir o decir?

Contesta las siguientes preguntas:

1. Cómo te sientes siendo abundante? Dilo!
2. Cómo piensas siendo abundante? Dilo!
3. Cómo caminas siendo abundante? Hazlo!
4. Qué has hecho para estar en este nivel abundante? Dilo!
5. Quién eres? Dilo fuerte y claro!

Ámate, cuídate

Frecuentemente se oye decir, primero son mis hijos. Primero es mi trabajo etc. La primera prioridad eres "Tú" Sino te amas, cuidas, no estarás en capacidad de cuidar a otros. No se puede dar lo que no se tiene.

Cómo el amarse y cuidarse influye en la atracción de abundancia en todas las áreas de una persona? A continuación alguna de ellas:

- **Amor propio-** Cuando sabemos lo que valemos no le permitiremos a nadie que controle nuestra manera de pensar, sentir y actuar. Si culpamos al mundo externo por nuestras desgracias significa que le estamos dando el poder a otros y entramos en un plano de victimización.

A veces la violencia verbal o física de la pareja ha robado la autoestima y amor propio de muchas personas.

Lo que pasó en el pasado, pasado está. Estas personas tienen que ver su futuro en su momento presente.

¿Cómo se manifesta el futuro invisible?

¡CREÁNDOLO!

Con todos los sentidos empezar a creer en ese futuro prometedor y abundante, no necesitando ver para creer. Creer aún cuando no lo percibimos con ninguno de nuestros sentidos físicos.

Definitivamente todo lo que queremos ya existe en el campo cuántico, solo está esperando tu vibración que este alineado a ese futuro que buscas.

- **Amor Universal-** Es aquel amor que no tiene comienzo ni final. Es un amor infinito que viene del Universo, del campo energético y está instalado en nuestro corazón.

Si queremos atraer abundancia en cualquier área de nuestra

vida tenemos que empezar a co-crear con el corazón irradiando la llama del amor infinito alineado con la riqueza y belleza del mundo cuántico.

No necesitamos ser amados para amarnos. El amor de otros es apreciado pero es un BONUS que se aprecia.

Amarnos nosotros mismos por encima de todas las cosas y estaremos fuertes de adentro hacia afuera, dándonos la capacidad de amor a otros y ser de servicio.

Ver con compasión al que nos hizo daño y ubicar a la persona en la caja de archivo. Recuerden que nuestra energía es ilimitada y tenemos la capacidad de perdonar.

Quizás te hicierón daño en el pasado, este es tu momento de liberarte y demonstrar amor hacía tu personas.

Busca un lugar cómodo, pon música suave. Siéntate, cierra los ojos e inhala y exhala profundamente varias veces lentamente. Siente poco a poco tu cuerpo relajado. Visualiza la situación que te afecta y dile a esa persona que obró mal, cuéntale como te sentisté, como afectó esa situación en tu vida.

Llora si tienes que hacerlo, grita si tienes que hacerlo.

Ahora inhala y exhala más profundamente y dile a esa persona que no entiendes porque hizo lo que hizo pero lo perdonas porque no le vas a dar tu poder a nadie.

Dile fuerte y seguro cuánto te amas. Dile también que lo que te pasó será una enseñanza de vida y no una herida que no pueda sanar.

Lleva tu mano derecha a tu corazón y menciona cinco cosas por las que estas agradecido con la vida en tu momento presente.

Menciona tu nombre y abrázate diciendo lo mucho que te amas.

Abre tus ojos y usando tu estado consciente en toda su potencialidad mira a tu alrededor y fijate en todo lo que te rodea y ya tienes.

Acércate a los tuyos ya sea tus hijos, padres, hermanos y dilés cuanto los amas. Eres abundante y tu vibración estará alineado con tu corazón.

En estos momentos mientras escribo está meditación, se me salen las lágrimas porque siento que estoy siendo guiada por una fuerza infinita para poder ser de servicio y ayudarlos a curar sus heridas.

Recuerden somos energía en un cuerpo físico y estamos de paso en esta vida para aprender, crecer y vivir todo lo que tengamos que vivir.

ÁMATE

ADMÍRATE

ACÉPTATE

POR ENCIMA DE

TODAS LAS COSAS

Gaby Company

CAPÍTULO 5
TRANSFORMA TU REALIDAD

Eres el creador de tu propia realidad

Esther Hicks

Creamos nuestra realidad de acuerdo a nuestros pensamientos. Atraeremos y manifestaremos de acuerdo a la percepción y creencia que tengamos de la Vida. Estando consciente y tomando más control de nuestros pensamientos se puede lograr conseguir una mejor experiencia en nuestra existencia.

En el libro "El Secreto" de la Autora Ronda Byrne, habla de la importancia de mantener pensamientos positivos y visualizar lo que queremos.

En este libro interesante hay una link que no se menciona, es la "ACCIÓN".

No basta con tener pensamientos positivos y visualizar todo lo que queremos, si bien es cierto, esta parte es fundamental. Pero se necesita tomar acción. La acción no debe basarse en la desesperación y trabajo arduo.

Tiene que ser una acción alineada al corazón y siempre creyendo que lo que buscamos ya está manifestado.

Por ejemplo,

1. Si queremos manifestar un carro. Tenemos que empezar a visitar tiendas de venta de carros, averiguar precios, información necesaria acerca del carro. Conjuntamente con esta acción tenemos que sentirnos merecedores de ese carro. Visualizarnos ya manejándolo y sintiendo el placer de hacerlo.

Sentir la vibración positiva de todo nuestro ser, sabiendo que nuestros pensamientos están enfocados en lo que queremos.

En el proceso de obtener el carro se pueden presentar retos que nos ponen a prueba. Dependerá de nosotros como actuamos ante esas situaciones impredecibles. De acuerdo a como actuemos podremos manifestar y crear una maravillosa realidad o crear una realidad de victimización. La opción es nuestra.

El Mundo está despertando y hay más gente que está consciente de la importancia de los pensamientos en el proceso de manifestación.

Todo lo que queremos existe en el campo cuántico, incluyendo lo que no queremos. Todo lo que existe está esperando encontrar la misma vibración para manifestarlo.

Les pregunto............ se creen capaces de creer en un futuro que no pueden ver aún y sentirlo con todos sus sentidos?

O son de esas personas que primero tienen que ver para creer.

Cosas que SI podemos controlar

Para ser creadores de una nueva realidad debemos enfocarnos en las cosas que podemos controlar y no en lo que no podemos controlar.

Podemos controlar:

- Nuestras emociones
- Nuestros pensamientos
- Nuestras reacciones
- Nuestras acciones
- Nuestro lenguaje
- Nuestra conducta
- Nuestras decisiones y opciones
- Nuestras actividades
- Nuestra percepción acerca de nosotros
- Nuestro enfoque
- Nuestra alimentación
- Nuestra percepción de la vida

Cosas que NO podemos controlar

Para que perder tiempo y energía en cosas que no podemos controlar

No podemos controlar:

- La opinión de los demás acerca de nosotros
- Los desastres naturales
- La Muerte de seres queridos
- El actuar de otras personas
- Desastres naturales
- La vejez
- La conducta de otros

Decide qué clase de vida realmente quieres atraer y di NO a todo aquello que no tenga relación.

1. ¿Qué pensamientos negativos vas a erradicar de tu vida?
   _____
   _____
   _____
   _____
   _____
   _____

2. ¿Qué pensamientos positivos vas a recrear en tu mente?
   _____
   _____
   _____
   _____
   _____
   _____

3. ¿Tienes en mente algo que quieres manifestar? Menciona que vas hacer para manifestarlo
   _____
   _____
   _____
   _____
   _____
   _____

Reprograma tu mente de escasez

La desesperación por conseguir cosas proyectando un sentimiento de no haber suficiente representa una mentalidad de escasez.

La programación de carencia probablemente ha sido concebida en la niñez cuando hemos sido testigos de falta de dinero en el hogar o se nos ha inculcado la dificultad para conseguirlo.

Crecemos con miedo de no ser capaces de vivir una vida abundante. Asociamos al dinero con sacrificio y hasta dolor.

Muchas personas piensan que el dinero es una herramienta de supervivencia. Es muy lamentable! El dinero es energía, frecuencia, es una consciencia viva, un amigo que nos ayuda a co-crear con el Universo.

No sentir culpa por tener poco dinero- A veces cuando no tenemos dinero nos culpamos creyendo que no viene a nosotros porque no somos de valor o no somos lo suficientemente inteligentes para atraerlo.

En capítulos anteriores hemos mencionado la importancia de pedir perdón al dinero por no haber apreciado su importancia y valor.

Ejercicio para comunicarte y entablar una buena relación con el dinero:

- Pon dos sillas una al frente de otra. Siéntate en una de ellas e imagínate que en la otra silla está sentado tu amigo el dinero.

Cuéntale como te han hablado de él cuando estabas pequeño, explícale todos tus temores y ansiedades.

Ahora quédate en silencio y abre tu corazón para escuchar lo que tu amigo el dinero te pueda decir. Recibe esa transmission y agradece su deseo de co-crear contigo.

Levántate y camina hacía donde está tu amigo el dinero y pídele sentarte en su silla para sentir su frecuencia de abundancia y magnificencia.

- Escribe una carta al dinero, e igualmente que el ejercicio anterior, cuéntale todos tus limitaciones, mente de escasez que has tenido durante todos los años.

Pídele que te muestre maneras de co-crear con él. Dile que estás listo a transformar tu vida y ser de servicio.

Incluso puedes ponerle un nombre a tu amigo dinero, puede ser hombre o mujer y puedes imaginarte su edad.

Estos ejercicios son muy valiosos, nos ayudan a erradicar rencores pasados, limitaciones, culpabilidad y nos limpia el alma y alza la vibración positiva.

También nos ayuda a ver el dinero como un ser viviente con quién podemos crear grandes cosas en la vida.

No sentir culpa por tener mucho dinero- A veces las personas se autosabotean porque creen que el tener mucho dinero los va a alejar de sus amigos o familiares. Piensan que serán vistos comoególatras o superficiales.

El dinero es energía y viene a uno por el valor añadido que podemos ofrecer a otros. La abundancia está dentro de uno y tener riqueza es nuestra marca de nacimiento. Por lo tanto nuestro derecho a reclamarla.

No tenemos control sobre las emociones de otras personas!

Poner mucha atención a aquellas personas que nos piden ayuda en reiteradas oportunidades. Hay un dicho muy conocido que dice:

"No le des de comer pescado, enséñale a pescar"

Es muy cierto si ayudamos una y otra vez a una persona la estamos rescatando pero no haciéndola fuerte. La idea es guiarla, mostrarle caminos de superación. Finalmente cada persona tiene que tomar responsabilidad en su vida.

Cambia el miedo por la gratitud

Ante situaciones de escasez es normal que el miedo se apodere de uno. Entramos en un estado de angustia y desesperación ante lo desconocido.

El miedo no es del todo malo, porque nos ayuda a prevenir situaciones.

En una sesión de mentoring con uno de mis clientes. Esta persona me dijo que su temor más grande era perder su casa por falta de pago.

Su esposo la engañó con otra mujer y la dejó con todas las responsabilidades encima de sus hombros.

Conforme me iba contando su caso, noté como su cuerpo cambiaba de poder a ansiedad. Su voz estaba entrecortada y la mirada de temor.

La estratégia que usamos en ese momento fué cambiar el estado de miedo por gratitud.

Le dije que me mencionará en ese instante cinco cosas por las que estaba agradecida. Al comienzo no fué fácil para ella encontrar cosas por las que podía estar agradecida.

Para ayudarla le hice las siguientes preguntas:

- ¿Ya has perdido tu casa? ¿Para que te desesperes?

No, me dijo ella

- Le pedí que se pellizcara la mano y me miró con ojos atónitos. Insistí que lo hiciera y finalmente lo hizo y dió un grito de dolor
- ¿Te dolió ? Le pregunté

Si me respondió

- ¿Por qué te dolió? Le pregunté. Parecía no entender la pregunta. Insistí una y otra vez con mi pregunta. Ví derramar gran cantidad de lágrimas de sus ojos y abrazándome me dijo: Gaby me ha dolido porque estoy VIVA.
- Entonces le dije tienes razón, estás viva y tienes la oportunidad de crear y manifestar lo que quieras en tu vida. Los que ya dejaron este mundo físico no tienen la oportunidad de hacerlo.

Encuentra la belleza en lo que te rodea y sé agradecido- Los inesperados retos a veces nos pone en un plano de duda. Nuestra misión es estar alertas y cambiar nuestros pensamientos, sentimientos y miedo por un estado de gratitud.

La gratitud es una de las más elevadas frecuencias en el Universo y si nos enfocamos en ella vamos a cambiar el enfoque de carencia y miedo por un enfoque de abundancia.

Si estás atravesando por momentos impredecibles y piensas que no tienes nada por agradecer. Revisa cada ambiente de tu hogar y empieza con el agradecimiento:

- **Dormitorio-** Tienes una cama donde dormir, frazadas, sabanas con que abrirte. Hay muchas personas que no tienen donde dormir, cada día es una odisea para ellos.

Tal vez algunos digan: No es mi problema! No se trata del problema, se trata de apreciar lo que ya tenemos y valorizar la más mínima cosa.

En el 2019, mi Familia y yo viajamos a Europa. Cuando estuvimos en Italia y bajamos en una de las estaciones de tren en Roma. Toda una cuadra de la calle estaba ocupada con personas preparando su cama con cartones para dormir en el piso.

Incluso algunos de ellos tenían una mascota a su costado. Mi Mamá se preguntaba como podían soportar la inclemencia del frio durmiendo en la calle y ella tan gentilmente invitó a una Señora a comer a un restaurante pero la humilde Señora no se sentía confidente de entrar a un restaurante por su apariencia descuidada y quizás sus temores de no ser bien vista en el restaurante.

Nos fuimos con la Señora hasta la pizzeria pero ella pidió quedarse afuera hasta que le traigamos la pizza.

Finalmente, recibió la pizza con mucha alegría y agradecimiento. Solo cuando vemos el sufrimiento de otros, nos damos cuenta que nos quejamos por muchas cosas sin darnos cuenta que tenemos cosas para ser agradecidos. La gratitud es el sentimiento más sublime que se puede sentir y arma poderosa para traer abundancia.

- **Cocina-** Tienes una cocina donde preparar tus alimentos y esa cocina tiene gas o es eléctrica.

Aunque no tengas muchos víveres para cocinar, siempre habrá algo para llevarte a la boca.

Tienes agua para hidratarte y sentirte con energías.

Tienes una mesa y sillas donde sentarte y disfrutar tus alimentos.

- **Una mascota-** Si tienes una mascota siéntete la persona más bendecida porque será tu mejor amigo y amenguará tu soledad si vives solo.
- **Un jardín-** Por muy pequeño que sea, irradiará aroma y frescura de las plantas y elevará tu frecuencia.
- **Tecnología-** Tienes probablemente televisor, computadora, teléfono- Es una manera maravillosa de

estar comunicado con el mundo. Tienes la información al alcance de tu mano.

Yo recuerdo en mis épocas de estudiante en la Universidad en Lima-Perú. No teníamos computadora e internet y pasamos bastante tiempo leyendo uno y otros libro para investigar el tema, luego hacer un resumen de lo aprendido.

Invertíamos mucho tiempo en esta investigación manual. Hoy en día basta con chequear GOOGLE y encontrar infinidad de información.

Cada día, agradezco el tener una computadora e internet y poder comunicarme con personas de diferentes Países, agilizar mi trabajo y ser de servicio para otros.

No des nada por sentado! La vida es constante riesgo y prueba.

¡Hora de la Acción!

1. Menciona no menos de 10 cosas que encuentras en tu hogar y estás agradecido
2. Si vives con tus padres u otros familiares, acércate a ellos y dilés algo por lo que estás agradecido.
3. Mírate al Espejo y menciona las cosas por las que estás agradecido contigo mismo
4. Sal a la calle y mira la inmensidad de la existencia y empicza a mirar cosas que te agraden y agradece

Puedes tenerlo todo

Es popular escuchar a las personas decir: Yo soy bueno para crear dinero pero no soy bueno en el amor o viceversa.

Le ponen techo a sus sueños. Se puede tener todo pero la pregunta que siempre hago es:

"Qué clase de persona tienes que ser para alcanzar todo lo que buscas? Pero ten presente, que no son las cosas materiales, el amor de alguién o la salud que debes perseguir. Es la clase de persona en quién te conviertes a lo largo de este viaje para ser merecedor a todo lo antes mencionado.

Muchas personas acondicionan su fortaleza interna a todo lo externo para sentirse plenos y como no se sientes así, se resignan con lo poco que pueden atraer.

La vida de una persona es como la rueda de un coche y tiene que estar inflada propiamente para poder funcionar. Lo mismo pasa con la vida de cada persona. No estoy hablando de perfección porque la perfección no existe. Estoy hablando de crear armonía y equilibrio en las diferentes áreas de nuestra vida.

Lo primero que hago cuando empiezo a trabajar con un cliente, es chequear como se sienten y están en sus diferentes áreas.

Sorprendemente encuentro un gran desequilibrio entre ellas. Es por eso que tienen creencias limitantes o se están saboteando ellos mismos y no son capaces de atraer y mantener la abundancia en todas las áreas.

Se puede observar lo siguiente:

Dinero-

- Más importancia al dinero y son buenos creándolo. Sin embargo, el aspecto familiar o de pareja es pobre y descuidado.
- Guardar dinero con avaricia para las épocas difíciles y descuidar la parte de diversión o regalarse experiencia como un viaje

- También se puede observar mentalidad de escasez y creer que el dinero solo es derecho de los millonarios

Salud-

La falta de organización, procrastinación y malos hábitos los hace vivir en estrés crónico generando en el cuerpo tensión y dolores musculares.

Estas personas visitan constantemente al Médico buscando un diagnóstico y solución rápida como fármacos.

Si estuvieran convencidos 100% que el poder está dentro de uno no estarían consumiendo tantas medicinas.

La cura y farmacia está dentro de uno. "El Placebo eres tú"

¿Qué es el placebo?

Es controlar nuestros pensamientos y emociones a nuestro favor. Nuestra mente tiene una fuerza poderosa de sanar o agravar. Reprogramando nuestras creencia y la manera de sentir podremos convencer a nuestro sistema que estamos saludables, que somos saludables!

De acuerdo a un experimento que se hizo para probar el poder de la mente y la aplicación del placebo, se ubicarón dos máquinas de bebida gaseosa para el público que atendía un evento.

Máquina número uno y máquina número dos. La gente estuvo haciendo cola en cada máquina para comprar sus bebidas.

Por autoparlante se anunció al público que en la máquina número uno habían detectado que la bebida estaba contaminada y que por favor se acerquen al tópico a recibir medicamento.

Se pudo observar lo siguiente:

- Las personas que estaban en la máquina uno comenzarón a sentirse mal, incluso algunos de ellos vomitarón.

- Las personas de la máquina dos seguían haciendo su cola muy saludables.
- Las personas de la máquina uno al llegar al tópico y al ingerir una pastilla empezarón a sentirse mejor gracias a la supuesta medicación.

Finalmente se descubrió que esa pastilla era un "Placebo" una pastilla de azúcar sin ninguna actividad farmacológica.

Pero las personas estaban convencidas de su efectividad y aparentemente se curaron.

Una vez más nos damos cuenta que lo que pensamos y creemos se manifiesta.

Si creemos que estamos mal, esas creencias y sentimientos mandarán una señal de temor al cuerpo y éste hará alineación con nuestra vibración.

Trabajo-

- Adicción al trabajo por miedo a perderlo y no generar dinero y por lo tanto descuidan su salud
- Que hay que tener una buena carrera en la Universidad para conseguir un buen trabajo. Una gran mayoría de personas sobretodo en Sud-América ven los estudios en la Universidad como único recurso de progreso al éxito.
- Temor a empezar un emprendimiento, prefieren el trabajo de 9 a 5:00pm por seguridad
- Sufren humillación de sus jefes pero se quedan callados por temor a las represalias
- Pasan años en el mismo trabajo por falta de nuevos conocimientos, se resignan al día día pero no están satisfechos con ellos mismos.

Familia-

- Falta de comunicación entre padres e hijos. La tecnología juega un papel importante en este tema. Los niños y padres pasan más tiempo en el teléfono o computadora y descuidan la parte tan importante como es la comunicación consistente con la Familia.
- La vida nunca va a ser perfecta para nadie, siempre habrá retos y eso es la belleza de la vida para poder aprender y crecer. Sin embargo, no todos piensan lo mismo y se ve mucho conflicto entre familiares, incluso llegan a no hablarse entre ellos.

Nadie es perfecto. Reconocer nuestros errores, pedir perdón o perdonar es vital para preservar una relación familiar saludable.

Relación amorosa-

Se ha observado:

- Falta de respeto y lealtad entre parejas. Abuso verbal y físico son detonantes para que una persona pierda su autoestima y amor propio.
- Personas que quieren conseguir una pareja pero ya no confían por experiencias pasadas y viven en la victimización.
- Soportan una relación tóxica por falta de recursos económicos y miedo a independizarse.

La unión de pareja es una empresa de dos. Debe existir compromiso mútuo, cuidado de ambos, responsabilidad, respeto e intachable conducta.

Recuerden que manifestamos lo que somos no lo que queremos. Si deseamos atraer una relación honesta y saludable tenemos que amarnos nosotros mismos por encima de todas las cosas para ser acreedores a esa abundancia de amor que tanto deseamos

Nadie nos va a respetar si el respeto no empieza por nosotros mismos!

Carrera/ Estudios

- Se observa mucho un gran porcentaje de personas la falta de pasión en la carrera que ejercen.
- Se ven obligado a estudiar una carrera por influencia de los padres aún cuando no les guste.

Les cuento un caso que tuve la oportunidad de ser testigo:

Supe de un joven que quería ser piloto de avión. El padre es ingeniero y su madre es arquitecta. El padre nunca tomó en cuenta la pasión y deseo de su hijo. Le dijo que la única profesión que podia estudiar era ingeniería y convertirse en ingeniero de lo contrario lo echaba de la casa sin dinero.

Este joven intento en vano persuadir a su padre para que cambiará de opinión.

La madre nunca tuvo voz ni voto para poder apoyar a su hijo.

La salud mental de una persona es el cimiento de una vida saludable. Afecta los pensamientos, sentimientos, emociones y decisiones.

Este joven cansado del maltrato verbal y falta de apoyo de su entorno decidió acabar con su vida tomando varias pastillas.

Felizmente pudierón atenderlo a tiempo. Por un lapso de un año estuvo bajo observación policial para que no vuelva atentar contra su vida.

Después de algunos años el joven se recibió de ingeniero para satisfacer los deseos del padre. Ejecuta su labor de ingeniería pero no se siente satisfecho.

En la actualidad el padre está separado de la esposa engañándola con otra mujer.

De qué sirvió el sacrificio del hijo? Si finalmente el padre no fué un ejemplo a seguir. Y que lástima que la madre estuvo subyugada a las órdenes del esposo y no pudo hacer nada a favor del hijo.

Invertir en Tí-

Invertir en tu sabiduría interna, es el regalo más valioso que puedas darte. A veces la gente confunde invertir en ellos con la educación que han recibido en el colegio o Universidad. Por su puesto que es una información valiosa pero es diferente a la inversión que siempre hago hincapié.

Sabías que si no cuidas de tu salud mental, habrá menos posibilidades de sobrellevar los retos de la vida y aumentará los riesgos de sufrir ansiedad, depresión y finalmente no quererse.

La psicología y psiquiatría ve estos temas y hay una explicación y ayuda extensa en esta área.

Yo me refiero a la amplitud de conocimiento que todo ser humano debería tener.

Conocimientos acerca de:

- Cómo erradicar nuestros pensamientos negativos y cambiarlos por positivos
- Cómo saber manejar nuestros sentimientos y acciones
- Cómo tener una mente ganadora
- Cómo manifestar dinero y abundancia sin sufrimiento externo

- Cómo aprender a reconocer nuestro poder interno y usarlo
- Cómo elevar nuestra frecuencia y vibración para sanar físicamente y emocionalmente sin necesidad de tomar tantos medicamentos
- Cómo dejar de importarnos lo que piensan los demás de nosotros
- Cómo dejar de vivir en la densidad de la tercera dimensión y empezar a crear desde el campo cuántico.
- Cómo dejar de pensar en el pasado y enfocarte en el presente momento
- Cómo actuar y pensar como lo hacen las personas abundantes
- Cómo vivir en gratitud y saber perdonar
- Cómo vibrar desde el corazón
- Cómo usar la mente para curar el cuerpo
- Cómo convertirte en la persona que admiras

Y mucho más ....

Lamentablemente todo este proceso no se realiza de la noche a la mañana. Hay un planeamiento, ejecución y consistencia de por medio.

Muchas personas creen que con atender un par de conferencias y leer algunos libros van a conquistar el mundo.

El conocimiento es poder pero la aplicación del conocimiento lleva a la persona a la transformación.

Lo ideal es aplicar cada información adquirida saliendo de la zona de comfort y construyendo el músculo del coraje.

La desesperación por conseguir el éxito conlleva a muchas personas a estudiar diferentes cosas, no terminarlas y mucho menos aplicarlas.

Siempre andan en la búsqueda de la píldora mágica con poca inversión de tiempo, dinero, acción etc.

Hay mucho temor de lo desconocido, siempre se sienten protegidos en la zona de comfort.

Todo lo que pueden querer conseguir está abriendo la puerta de sus casas y dejando la zona de confort.

Lo explicaré más adelante con más detalle.

Tener casas, carros, joyas, ropas de marca son cosas materiales. Sin embargo muchas personas se afianzan en la materia y piensan que están invirtiendo en ellos. Todo lo mencionado arriba por supuesto que es deseable pero no sin antes haber invertido en el Ser interior.

Aquella persona que aún cuando:

- No tenga carro y vaya en omnibus, sepa cuanto vale y se ama por encima de todo rechazo
- No tenga ropa de marca, sabe que su marca es la marca personal. Aquella persona que se diferencia de las masas por sus valores, criterio propio y estándares.
- Aquella persona que sabe que no tiene que validar lo externo porque la abundancia radica dentro del Ser interio.

Yo recuerdo cuando no sabía todo lo que sé ahora; el comienzo no fué fácil porque ignoraba la existencia de estos temas favorables para el ser humano.

Estudiaba abogacía y estaba inmersa entre leyes y el Código penal. Pura materia por encima de la energía. Mi percepción estaba basada en los hechos reales, ver para creer y no viceversa como lo es ahora.

Por supuesto que me perdí muchos años de ser la creadora de mi realidad. Viviendo en la programación mental era normal. Cuando decidí invertir en mí, una máscara pesada desapareció de mi subsconciente.

Empezé a escuchar lo que Gaby quería e inicié una profunda conexión con Mi Yo Superior. El complacer a otros, o preocuparme por el que dirán quedó en el pasado. Me convertí en la persona que siempre admiré!

- ¿Fué fácil? Por supuesto que NO!
- ¿Busqué la píldora mágica? Claro que NO!
- ¿Invertí mucho dinero en mi crecimiento? ¡Claro que SÍ! ¡No se imaginan!
- Me arrepiento de esa inversion? Ni por un segundo!
- ¿Lo volvería hacer? ¡Claro que SÍ! ¡Siempre sigo invirtiendo en Mí
- ¿He tenido mentores? ¡Por supuesto! Porque ellos estaban más adelante que yo y me ahorraron el camino de prueba y error.

Y lo bello de todo este camino es que ahora soy de servicio para otros!

Deja tu zona de confort y atrae abundancia

Dentro de la zona de confort se encuentra el mismo ambiente conocido, los mismos retos o excusas.

Para poder manifestar abundancia tenemos que dejar lo conocido para entrar a un ámbito desconocido.

Por supuesto que nos sentiremos atemorizados, inseguros de lo impredecible y eso es completamente normal. Mucha gente regresa a su zona de confort por falta de coraje y decisión. Afirman estar tranquilos y felices con su vida rutinaria y al mismo tiempo se quejan de no tener abundancia o sentirse plenos.

Estas personas están estancadas en su zona de confort desarrollando los mismos hábitos que los mantiene en la programación mental.

Tales como:

- Se levantan a la misma hora
- Ven las primeras noticias de la mañana (Mayormente negativas)
- Realizan el mismo trabajo y viven en temor de perderlo
- Regresan a casa lo primero que hacen es ver la televisión, chatean en diferentes redes sociales hablando de los problemas de la vida
- Les encanta el chisme
- El televisor de la casa es más grande que su biblioteca de libros

No podemos quejarnos de la falta de abundancia o éxito, tenemos que crearlo! Y en la zona de confort no será posible.

Cuando decidimos dejar la zona de confort, nuestra mente comienza a experimentar nuevas vivencias, conocer gente, oportunidades para crear conexiones de poder, transformamos el miedo en poder y desarrollamos el músculo del coraje.

Pasos para salir de la zona de confort-

- Tener claridad de lo que se quiere conseguir- Por ejemplo, has sido invitado a dar una charla al frente de tus compañeros de trabajo pero el miedo te invade y estás a punto de declinar la oferta.

Analiza que beneficios tendrías si haces esa presentación. ¿Cuál es el motivo principal que te llevaría a aceptar la invitación?

- Quizás es una oportunidad para mostrar tu conocimiento y debido a eso puedes tener un alza de sueldo o ascenso
- O simplemente es una oportunidad para hacerte más visible en la empresa y ser de servicio

- Deja las excusas- La voz interna estará influyendo en tu decisión tratando de persuadir para que desistas de tu propósito.

La voz interna está tratando de protegerte de lo desconocido e impredecible.

A veces ser fuerte no es algo que nos guste pero es la única opción para salir de ser miserables y convertirnos en autores de nuestra propia vida.

- Realiza actividades que te reten- Practica diferentes tareas que te harán poco a poco desarrollar tu confidencia

Tales como:

- Has esa llamada que hace mucho tiempo estás postergando
- Estudia oratoria y busca oportunidades para hablar en público
- Haz videos y comparte tu mensaje
- No entres a tus redes sociales por 24 horas

- Entabla una conversación en ZOOM con personas con quien no has hablado antes
- Ofrécete de voluntario para una buena causa

ACCIÓN:

1. ¿Qué acciónes vas a tomar para salir de tu zona de confort?

_____
_____
_____
_____

2. ¿Cómo actuarías si tu voz interna quiere que te quedes en tu zona de confort?

_____
_____
_____
_____

3. ¿Hay alguna persona que influye para que te quedes en tu zona de confort? De ser así qué tienes que hacer?

_____
_____
_____
_____

CAPÍTULO 6
PODEROSOS PRINCIPIOS DE ÉXITO

Si tú no trabajas por tus sueños, alguien te contratará para que trabajes por los suyos

STEVE JOBS

Él éxito tiene diferente definición para cada persona. Para algunos puede ser tener una carrera exitosa, ropas de marca, salud, viajes etc.

Lo más importante es que ese llamado éxito cubra nuestras expectativas y nos haga sentir plenos de adentro hacía afuera.

Muchas veces, algunas personas están esperando alcanzar el éxito en sus diferentes formas para ser felices. Cuando primero deben sentirse felices para crear y manifestar el éxito.

Por ejemplo en mi caso, el éxito es haberme convertido en la persona que soy. No fué fácil saltar vallas de miedo y pereza pero más pudo mi deseo de cambio.

Mi Familia también forma parte de mi éxito. Ellos son el motor de mi existencia. Me siento dichosa de ser parte de sus vidas. Es un sentimiento que me hace vibrar plenamente todos mis sentidos.

¿Qué es el éxito para Ti?

A continuación voy a mencionar una lista fructífera de poderosos principios de éxito que me ayudarón a cambiar mi vida y que tú también los puedes aplicar para acelerar tu éxito y convertirte en un Imán de abundancia en las diferentes áreas de tu vida

1. **Las palabras tienen poder**

Se dice que las palabras pueden elevar o pueden dañar.
Muchas veces es preferible recibir un golpe que al poco tiempo pasará el dolor a comparación del dolor emocional que quedará almacenado en el corazón y mente.
Las palabras acondicionan nuestro ánimo y manera de actuar. Las personas pronuncian palabras de manera subsconciente no dándose cuenta del poder de ellas.
Borra de tu vocabulario las siguientes palabras:

- Tengo que
- Debo hacer
- Debería hacerlo

Las palabras mencionadas arriba significan obligación, deber. Por tanto, es difícil alinear la vibración de poder y abundancia con esas palabras de baja frecuencia.
Es mejor reemplazarlas por:

- Disfruto hacerlo
- Agradezco la oportunidad de hacerlo
- Deseo hacerlo

La frecuencia de éstas palabras es bien alta y nos hace sentir motivados con energía para realizar los deberes con amor y alegría.

Cuando van de tiendas o planean viajar nunca digan no puedo pagar esos precios, está caro. Si así lo decretan así se manifestará trayendo cosas más caras e inalcanzables.

Recuerden que la abundancia está dentro de uno. Puedes ser un Imán de abundancia en lo positivo o negativo.

Puedes ser un Imán de abundancia o un Imán de escasez. La opción es tuya!

Cuando hablo con mis clientes de esta teoría, muchos de ellos me dicen:

Pero Gaby tengo que ser realista de mi situación.

No te preocupes del "Cómo". Enfócate en creer que ya lo tienes aún cuando no lo veas en tu mundo físico. Eleva tu frecuencia y vibración festejando como si ya lo tuvieras. Si lo ves en tu mente lo tendrás en tus manos.

Se paciente y agradecido que ya está en camino (HABLAR DE MI LIBRO)

El subconsciente no sabe si lo que imaginamos y creemos es cierto o no. Entonces empezemos a crear la magia visualizando lo que queremos atraer. Vernos ya abundantes gozando de lo que queremos alcanzar, verlo como una película en la cual somos los actores principales recibiendo la premiación.

¿Por qué no existe verdadera comunicación entre padres e hijos?

Una de las primeras razones es porque hablan pero no se comunican con palabras de entendimiento y comprensión. Cuando el hijo se acerca a los padres contándoles sus debilidades muchas veces lo primero que hacen los padres es juzgarlos y criticarlos con palabras señaladoras y no de mucha comprensión.

¿Por qué no existe verdadera comunicación entre parejas?

Hay poca paciencia entre ambos, el lenguaje es de insultos, poco entendimiento.

Recientemente en una conversación con una de mis clientas me contó que lo primero que le quedó grabado en la discusión que tuvo con su pareja no fué la falta de dinero en el hogar. Fué el recuerdo grabado en su mente de las palabras nocivas y denigrantes que le dijo su pareja.

¿Por qué algunas personas no atraen abundancia de salud?

Porque su lenguaje es de duda, preocupación adelantada a los hechos.
Por ejemplo,
Cuando llega invierno, escucho la conversación entre personas:

- Persona A- Cómo estás?
- Persona B- Más o menos
- Persona A- Pórque?
- Persona B- Porque hace mucho frío y seguro que me voy a enfermar.

Siempre en esta temporada me enfermo.
Se dan cuenta como la gente usa las palabras en contra de ellos mismos.
Viven en el pasado que no existe, preocupados por un futuro que aún no llega y se olvidan de vivir en el presente.
Si ellos están convencidos que en cada temporada se enferman, así será porque lo estan decretando con sus palabras de baja frecuencia.

2. Manejo del tiempo

Siempre se nos ha inculcado que debemos manejar el tiempo pero dejénme decirles que no es el tiempo que se debe manejar. Son las actividades que se deben manejar dentro del tiempo que tenemos.

Todos sin excepción tenemos el mismo tiempo dentro de las 24 horas del día, los 7 días de la semana y los 365 días del año.

La pregunta es qué hacemos durante ese tiempo? Qué actividades realizamos dentro del tiempo?

Estratégias para manejar tus actividades y ser más productivos:

- **Prioriza tus deberes-** Has una lista de las cosas pendientes que tienes que realizar y reubícalas de acuerdo a altas prioridades y enfócate en ellas hasta que las termines.
- **Empieza lo más difícil-** Brian Tracey en su libro "Cómete esa Rana" es una metáfora que simboliza la importancia de empezar por las tareas más difíciles y desagradables. Luego las otras tareas se ejecutarán más rápido.

¿Qué tarea estás postergando por flojera? ¡Cómete esa rana y hazlo ahora!

Siempre el cuerpo y la mente pone resistencia a todo comienzo porque es desconocido o no placentero.

Hay una estratégia de los **5 segundos**. Cuando te encuentres en el estado de resistencia empieza a contar 5-4-3-2-1 y sin pensarlo toma acción.

- **Ten una Agenda-** Confiar en la memoria no es suficiente. Una agenda es una herramienta muy importante que nos ayuda a llevar control de todos nuestros deberes.

A veces las personas me dicen que no necesitan una agenda porque tienen buena memoria. No lo dudo! Pero necesitamos crear sistemas en nuestra vida o negocio para ser más productivos y proactivos.

Les recomiendo usar una agenda que tiene toda la semana a la vista, de Domingo a Sábado. El día Domingo tomen un tiempo para planear su semana. Esto les dará una clara visión de los deberes que tienen que enfocarse.

Usualmente me preguntan, qué hacer si se presentan contratiempos y no hay forma de terminar las tareas del día.

Como la perfección no existe, simplemente tenemos que ser flexibles y ajustar de acuerdo a altas prioridades y pasarlo para otro día.

Yo uso dos agendas, una es para todo lo concerniente a mis negocios, la otra es para la vida familiar.

A mi me funciona este sistema. En la agenda familiar, está todo lo concerniente a mi hogar. Pagos, colegio, trabajo, viajes, paseos etc.

En la agenda de negocios, todo está relacionado unicamente a los negocios. Llamadas a proveedores, citas con los clientes, fecha de mis seminarios, etc.

3. Construye tu Marca Personal

¿Qué es una Marca Personal?

Es el concepto, percepción que otras personas tienen de nosotros.

Lamentablemente a veces se juzga el libro por su cobertura sin analizar el contenido.

En los primeros 10 a 30 segundos las personas forman un concepto de nosotros. Y esta observación es muy importante sobretodo en las entrevistas de trabajo.

Si sabemos que la Sociedad tiene sus parámetros y maneras de medir lo bueno de lo malo, es vital construir nuestra Marca Personal para diferenciarnos de la multitud.

Muchas personas confunden Marca Personal con Marca de negocios, ambos son importantes pero son diferentes.

La Marca de negocios es todo lo que representa el negocio. Es su gente, logotipo, website, colores, historia, mensaje etc.

La Marca Personal representa nuestra identidad personal representada por nuestra autenticidad, valores, elevados estandares, liderazgo, confidencia, imagen.

Vivimos en un mundo muy competitivo en todas las áreas de la vida. Diferenciarnos de la multitud, demostrar autenticidad y altos valores nos abrirá las puertas de la oportunidad.

4. Construye tu autoimagen

Tu autoimagen es la percepción y concepto que tienes de tu persona.

¿Qué tan importante es construir una autoimagen?

Una buena autoimagen nos ayuda a tener una mente saludable con estabilidad emocional no necesitando la aprobación de otros para sentirnos bien.

El peor enemigo de uno es uno mismo. La autocrítica nociva es nefasta para ser capaz de llevar una vida centrada y conquistar el éxito. La buena percepción de nuestra autoimagen evitará el sabotaje personal creando una fortaleza interna.

El requisito número uno debe ser agradarnos nosotros por encima de cualquier otra percepción externa. No desarrollar una extraordinaria autoimagen solo para gustar o no ser rechazados.

5. **Vístete para el éxito**

No hay mejor vestimenta que la vestimenta de la autoconfidencia y desarrollo personal que podemos irradiar. Sin embargo las primeras impresiones también cuentan.

Vestirse para el éxito no es usar ropas de marca o costosas. Si lo pueden hacer muy bien por Ustedes.

Vestirse para el éxito es el conjunto de elementos que te hacen visible en la Sociedad que te rodea luciendo una imagen ganadora. Llevando la ropa adecuadamente y no que la ropa te lleve a Ti.

Muchas personas afirman que la moda no incomoda. Qué quiere decir esta afirmación para ellos?

No tienen problema en ponerse atuendos aún cuando no les queda. Esta bien hacer lo que nos guste pero hay que tener en cuenta que la ropa nos puede favorecer o desfavorecer. La idea es resaltar nuestros atributos usando la ropa adecuada de acuerdo a nuestro cuerpo y estilo.

Algunas personas tienen dificultad a la hora de elegir su vestimenta por varias razones:

- No conocen la forma de su cuerpo
- Desconocen la gama de colores que le queda bien a su piel
- No saben combinar las diferentes piezas de la vestimenta
- Desean copiar lo que está de moda para lucir igual que otros

Recuerda, vestir para el éxito no es solo lo que llevas, es cómo lo llevas y cómo te sientes.

Contratar los servicios de un estilista personal es una gran inversión, para ayudarte a crear una buena imagen que coordine con la forma del cuerpo, colores, personalidad y actitud.

A continuación les voy a compartir un poco de información de mi segundo libro (Tú eres tu Marca Personal) con relación al análisis de los diferentes tipos de cuerpo. Está dividido en 5 diferentes tipos de cuerpo:

    a. **Cuerpo forma de reloj de arena-** Es considerado como un tipo de cuerpo perfecto. Las caderas y tronco tienen medidas similares creando un balance perfecto.

La cintura es angosta creando una forma de reloj de arena o pera. Con este tipo de cuerpo se puede usar todo tipo de ropa sin problema.

    b. **Cuerpo forma de diamante-** Este tipo de cuerpo tiene forma de diamante como su nombre lo dice. Las caderas y cintura son anchas, los hombros angostos, abdomen prominente.

Usar blusas, polos con cuello "V" colores obscuros, rayas verticales, accesorios en el cuello como collares largos y aretes para llevar la atención a la cara y no a las partes predominantes.

    c. **Cuerpo forma triangular-** Este es un tipo de cuerpo muy común en las personas. El cuerpo es más ancho a la altura de la cintura y caderas.

El tronco es mucho más Delgado en comparación con la parte baja.

Es conveniente ensanchar el tronco con colores claros, atuendos con flores, mangas amplias para crear amplitud en la parte alta del cuerpo.

En la parte baja usar colores obscuros, telas delgadas, cortes rectos.

    d. **Cuerpo forma ovalada-** Es el tipo de cuerpo donde la mayor parte del peso se lleva alrededor de la barriga y la parte superior del cuerpo.

La cintura no está muy definida. La idea es crear una silueta más elegante y delgada visualmente.

Sacos, blusas, polos con cuello "V", rayas verticales, colores obscuros en la parte alta del cuerpo.

Evitar rayas horizontals, telas con estampados o colores brillantes.

    e. **Cuerpo forma rectangular-** Es un tipo de cuerpo es bastante común. Las caderas, hombros y caja torácica rectos, la barriga es tamaño promedio. Usar blusas, casacas ajustadas con cinturón enla cintura, vestidos con drapeados para crear el efecto visual de una silueta torneada, cuello "V" en polos y casacas.

    f. **Cuerpo forma triángulo invertido-** Este tipo de cuerpo es conocido como cuerpo atlético, robusto en la parte del tronco y angosto en la parte baja. Para crear armonía, usar colores obscuros, telas con rayas verticals, polos, blusas o casacas con cuello "V", collares o cadenas largas para adelgazar la parte superior.

En la parte inferior, usar colores claros, fores, bolsillos a los lados en la falda o pantalón. Vestidos, faldas, pantalones amplios o en corte "A"

En conclusión, toda persona debe ser conocedora de su tipo de cuerpo, que tipo de ropa usar y que colores son convenientes.

6. Enfócate en lo que quieres, No en lo que no quieres

La mayoría de personas tienen el hábito de enfocarse en lo que no quieren aún cuando quieren atraer y manifestar abundancia en sus vidas.

El temor escondido en el subconsciente sale a relucir y de manera innata comienzan a mencionar todo aquello que no quieren

Por ley Universal y energética, todo aquello en lo que nos enfocamos se expande y atraemos más de lo mismo.

Ten claridad de lo que quieres lograr y pon toda tu atención en eso. Al hacerlo tendrás la capacidad de ver más opciones, tus pensamientos serán más positivos y alineados a tus deseos.

Hazte las siguientes preguntas:

1. ¿Qué es lo que realmente quiero alcanzar?
2. ¿Pórque lo quiero logar? ¿Cuál es el propósito de ello?
3. ¿Me satisface y llena todas mis expectativas lo que quiero alcanzar?
4. ¿Lo que quiero alcanzar lo puedo realizar toda mi vida?
5. ¿Lo que quiero lograr es de valor para mí?
6. ¿Lo que quiero lograr es de valor para la Sociedad y el Mundo?

7. ¿A quién tienes que recurrir para que te ayude en el proceso?
8. ¿Estás dispuesto a invertir en un Mentor para que te ayude agilizar tu progreso?

Estratégias para enfocarte en lo que quieres:

1. Rodéate de gente que te inspira y eleva tus fortalezas
2. Crea un ambiente adecuado libre de desorden para que puedas trabajar
3. Cambia cada pensamiento negativo por dos pensamientos positivos en ese instante.
4. Se disciplinado y perseverante
5. Se consistente, crea un plan de trabajo
6. Practica afirmaciones diariamente. Hazlo con toda tu emoción
7. Practica la Visualización. Mírate dentro de ella siendo exitoso y habiendo logrado ya lo que tanto anhelas.

Es importante verte ya habiendo conquistado lo que tanto anhelas en el presente momento

8. Se agradecido por lo que ya has logrado en los ojos de tu mente y estás seguro que pronto ya lo verás materializado.
9. Cuida tu salud para evitar el estrés y ansiedad

Es muy fácil caer en la distracción y negatividad pero está en Ti, el poder regresar al enfoque de lo que quieres lograr.

Tienes varias estratégias para poder usar y crear fortaleza en tu ser interior.

ACTIVIDAD:

1. Menciona 3 estratégias que vas a emplear para mantenerte enfocado en lo que quieres

_____
_____
_____
_____
_____

2. Menciona 3 afirmaciones que emplearás cuando empiezas a enfocarte en lo que no quieres. (Esto es muy importante)

_____
_____
_____
_____
_____

7. Cosas que tienes que renunciar para vivir en paz y atraer abundancia

- La necesidad de impresionar a otros- La única persona que debes impresionar es a ti mismo.

Muchas veces se ve a personas aparentemente exitosas llevando grandes atuendos, costosas joyas, luciendo carros de grandes marcas pero su amor propio, salud mental y paz interior no están alineados con las cosas materiales.

A veces usan esas marcas como puerta de entrada para ser aceptados por los amigos, colegas de trabajo etc

Pero no son ellos que se muestran como auténtica marca personal irradiando luz interna.

La verdadera belleza es tu belleza interna, lo demás en un BONUS

Si se puede tener todas las cosas materiales y se está alineado con la belleza y paz interna en buena hora!

- Para de culpar a otros- Dejar de culpar a otros por nuestras debilidades. A veces no conseguimos algo y culpamos al gobierno, al vecino, a los padres, familiares y hasta amigos.

El problema no es el problema, es como vemos ese problema y qué hacemos para resolverlo es lo más importante.

Es hora de crecer como personas ganadoras y tomar responsabilidad por todo lo que hacemos en nuestra vida.

Recuerda que tienes la facultad de tener OPCIONES y presta atención a ellas porque cada OPCIÓN tiene una consecuencia. De acuerdo a lo que escojas será bueno o malo tus resultados.

Ejemplo de OPCIONES negativas:

- Sí escojes vivir en mentalidad de carencia, la consecuencia será no atraer abundancia
- Sí no tienes comunicación con tu pareja, la consecuencia será vivir en conflicto y quizás llegar a separarse
- Sí no tienes un régimen de alimentación saludable y no haces ejercicio, la consecuencia será ver tu salud desquebrajada y con la posibilidad de atraer abundancia de enfermedades.

Recuerda que la abundancia trae bueno y malo

- Sí no dejas tu zona de confort, la consecuencia será que no superarás tus temores y no estarás en capacidad de manifestar y crear lo que tanto anhelas.
- Sí no tienes una buena relación con el dinero, la consecuencia será que el dinero no llegará a tí facilmente.

Ejemplo de OPCIONES positivas:

- Sí dices afirmaciones diarias, crees en ellas y las sientes con emoción, la consecuencia será que atraerás la buena abundancia en todas las áreas de tu vida.
- Sí te enteras que otros están hablando mal de tí y decides que no te va afectar porque tu no tienes control sobre lo que otros piensan o no piensan de tí, la consecuencia será que tu paz interior estará vibrando en una frecuencia positiva muy elevada y serás capaz de atraer abundancia
- Si te enfocas en la gratitud pase lo que pase, la consecuencia será que atraerás grandes cosas a tu vida para seguir viviendo en gratitud.
- Sí decides perdonarte y perdonar a otros, la consecuencia será que vivirás en paz interna y lo mejor de todo es que alejarás el estrés, ansiedad y otras enfermedades
- Sí decides invertir en tí la consecuencia será que nadie podrá hacerte sentir lo que tú no quieras sentir. No le darás a nadie tu poder.

Tu fortaleza será tan fuerte que serás el creador de tus experiencias. Te convertirás en un Imán de abundancia.

Escoje 2 opciones y menciona las consecuencias:
_____
_____
_____
_____
_____

- Necesidad de esperar la aprobación de otros- Cada movimiento que das está relacionado a la aprobación de otros?

Tu aprobación interna es el reconocimiento de tus logros, valores, paradigma, emociones y fortalezas.

La aprobación externa es el reconociento que tengan otros de tí, y no siempre están basadas en elevar tu potencial

Es por eso que es importante rodearse de gente positiva que reconozca tus fortalezas y logros. Recuerda eres el promedio de las cinco personas que te rodean (Una frase muy famosa de Jim Rohn)

Sube tus estándares y se más selectivo de las personas con las que pasas más tiempo. Recuerda a veces la negatividad es contagiosa!

Hagas lo que hagas siempre habrá gente apreciando lo que haces o gente criticando lo que haces. Eso es parte de la conducta humana.

Muchos de mis clientes, quieren hacer videos para su website, blog y ser más visibles, pero finalmente no lo hacen porque están buscando la perfección. Se preocupan de su peso, peinado, su voz, ropa porque tienen miedo a nos ser agradados por otros.

Hay un pánico a la aprobación externa! Yo les digo que no somos pepita de oro para gustar a todos. Nuestra mensaje será recibido por las personas correctas que necesiten y aprecien nuestra información

No permitas que nada ni nadie te aleje de tus sueños. ¡Eres bello por dentro y por fuera!

8. Aprende a decir NO y no te sientas culpable

Para algunas personas, el decir NO es muy difícil porque piensan que no es buena educación, no son de ayuda, temen ser criticados o rechazados

El decir SI a otros puede significar decir NO a nosotros

Yo recuerdo muchos años atrás, tampoco podía decir NO con facilidad, pensaba que era mi deber decir siempre SI sobretodo a la Familia.

No me daba cuenta que muchas veces no estaba en la posición de decir "Si" pero no tenía las agallas de decir "No" sobretodo porque muchas veces me tomaron de sorpresa.

Estratégias para aprender a decir "NO"

- Si alguien les pide un favor con fecha específica - Digan que van a ver su agenda y en unos días, darán la respuesta.
- Cuando no sabia esta estratégia, solía dar una respuesta inmediata, aún cuando después me arrepintiera.
- No necesitas excusarte- Agradece que hayan pensado en Tí, pero afirma que en esta oportunidad no será posible
- Trabajo del Espejo- Acércate al espejo y realiza algunas afirmaciones

Por ejemplo:

- Me doy permiso a decir "NO", yo soy mi primera prioridad

Una de las experiencias que siempre tengo que afrontar, es cuando las personas me piden donaciones, colaboraciones etc.

Cuando estás en negocios es muy frecuente recibir este tipo de pedidos. Me gusta ayudar y colaborar pero cuando te llega una lluvia de pedidos es un reto cubrir las expectativas de todos.

Cada persona piensa que su pedido es el único y el más importante. He aprendido a ver prioridades y decir "NO" sin sentir remordimiento ni culpa.

9. **Ser Proactivo y menos Reactivo**

Las personas proactivas se enfocan en lo que pueden controlar, actuan con claridad y anticipación a los retos. No se quedan estancados en el problema siempre están en busca de la prevención.

Las personas reactivas esperan que las cosas les suceda para tomar acción. En su confusion están atrapados en las cosas que no pueden controlar.

Ejemplo:

- Una persona proactiva- Cuida de su salud, come saludable, realiza ejercicios consistentemente. Por consecuencia tiene calidad de vida gozando de buena salud
- Una persona reactiva- Bebe alcohol con frecuencia, realiza ejercicios poco o nada, no come saluda-

ble. Por consecuencia no tiene calidad de vida, visita constantemente al Doctor.

Estratégias para desarrollar el músculo de la Proactividad y ser menos Reactivos:

- Planea con anticipación tus deberes- Has una lista de cosas que tienes que hacer en la semana como mencione anteriormente (Una agenda) incluso tener un detrás de cámaras de lo que tienes planeado para el mes y una idea general para el año.

Tener un calendario de pared (Grande de una sola página) es también muy útil para planear tus quehaceres del mes, incluso del año.

Yo uso mi agenda para la semana pero también tengo mi calendario de pared donde el 1ero de Enero de cada nuevo año hago un planeamiento anual de las cosas que quiero crear en mi vida familiar o negocios.

Incluso planeo mis vacaciones o viajes que tenga en mente realizar. Eventos, conferencias que tengo pensado realizar durante el año.

Por supuesto conforme transcurre el tiempo se puede presentar contratiempos ajenos a nuestra voluntad pero será más fácil ajustar fechas y eventos.

La idea principal de tener esta valiosa herramienta es que nos mantiene proactivos y enfocados en las cosas que queremos alcanzar.

- Masiva acción- Conozco de personas que tienen agenda, calendario de pared pero se olvidan de revisarlo y actuan como les coge la vida.

Todas las herramientas son valiosas si se toma acción, de lo contrario será un desperdicio de tiempo e incrementará el estrés y ansiedad.

La acción debe ser realizada alineada a tu corazón y siempre elevando tu frequencia de mentalidad ganadora.

- No descuides tu salud- A veces cuando uno está bien atareado descuida su salud. La salud es el primer capital y lo mas valioso que todos tenemos. De nada vale el dinero o éxito sin salud.

Tener salud es tener éxito y abundancia.

De los 7 días de la semana es importante que realizes ejercicios no menos de 4 veces por semana, mínimo 3 veces.

La gente se queja de falta de tiempo para realizar ejercicios pero se queja de invertir tiempo en ver televisión o hacer cosas banales.

Recuerda que no es el tiempo que se maneja, sino las actividades dentro del tiempo. El hacer ejercicios debe estar agendado como parte de tus deberes en la semana.

Muchos se preguntarán porque ponerlo en la agenda si yo me acuerdo?

Es una manera disciplinada de llevar el control de ese deber. Es fácil caer en contratiempos y si no se pone atención fácilmente se pierde la hilación de lo que estan haciendo.

En mi agenda familiar llevo control de mis ejercicios, incluso escribo con diferente color cada disciplina. Esto es importante para crear atención a mi mente y anclar en mi subsconciente que color pertenece a cada disciplina. Es muy valioso!

Agendo mis ejercicios de la siguiente manera:

- Natación- Nado 4 veces por semana en la noche.

Lunes, Martes, Miércoles y Jueves. Escribo en mi agenda esta disciplina usando el color azúl. Este color representa para mí todo lo que es agua.
- Meditar caminando y correr- Lo hago bien temprano en la mañana. Los días Jueves, Sábado y Domingo. Para escribir esta disciplina en mi agenda uso el color verde que para mi representa la naturaleza.
- Ejercicios en casa- Tengo un mini gimnasio en casa y los días Sábado y Domingos después de correr hago 30 minutos de ejercicios anaeróbicos. Agendo esta disciplina usando el color amarillo. Para mí representa la energía y brillar.

Ustedes se preguntarán pórque complicarse la vida usando tantos colores si yo puedo hacer los ejercicios cuando pueda y cuando quiera, e incluso puedo llevar el control a mi manera?

Es por eso que las personas no se mantienen consistentes y persistentes!

Cuando uno de mis mentores me dió ésta estratégia, a mí también me pareció un tanto complicado tener que llevar control de todo y encima usando diferentes colores.

Pero cuando empezé a aplicar esta estratégia me pude dar cuenta al final de la semana, que disciplinas no había sido consistente. Mi estado consciente se fué expandiendo más en vez de estar actuando más de manera subsconciente.

Estamos acostumbrados y programados a cuidarnos de manera desorganizada, no prestamos mucha atención a la buena salud hasta que la campanita de peligro empieza a sonar.

Quisiera hacerles las siguientes preguntas:

- En qué clase de persona tienes que convertirte para

ser un Imán de Abundancia en todas las areas de tú Vida?
- Qué tienes que sacrificar para poder alcanzar lo que te mereces?
- Qué hábitos poderosos tienes que añadir a tu vida diaria?

DE ACUERDO A TUS RESPUESTAS Y ACCIONES MANIFESTARÁS O ALEJARÁS LA ABUNDANCIA DE TU VIDA!!!!!

10. **Aprende del fracaso**

El fracaso no existe! Es un concepto que está muy arraigado en nuestra mente subsconciente por generaciones de generaciones. Desde nuestra infancia se nos ha reprochado alguna acción o actitud errónea creándonos frustración, baja autoestima y muchas veces a rendirnos.

El fracaso debe ser visto como una experiencia quizás desagradable, pero por encima de eso como una enseñanza de vida. Gracias a esta experiencia aprendemos de nuestros errores y crecemos como seres humanos fortaleciendo nuestro ser interior.

Yo lo llamo la Universidad de la Vida. Es parte de la condición humana tener altas y bajas en el proceso de querer conquistar algo.

Estoy convencida que lo más apreciado que podemos tener es nuestra "Mente" Una mente saludable verá el llamado fracaso como lecciones y las personas con una mente llena de creencias limitantes pensará que el llamado fracaso los paraliza y no los hace merecedores de seguir avanzando.

Veremos la diferencia entre ambas mentes:

- Mentalidad Fija- Las personas con este tipo de mentalidad ven las vida de manera angosta, no amplian su visión. No creen ser capaces de intentar nuevas oportunidades, tienen la creencia que sus habilidades e inteligencia tiene una determinada forma de ser y no va a cambiar.

Ven las opiniones o comentario como críticas y se sienten ofendidos

Son muy analíticos antes de tomar una decisión, ven primero las cosas en contra que a favor. Cuando uno trata de persuadirlos para que tomen riesgos y conquisten el éxito, lo primero que afirman es que han nacido así y morirán así.

Ejemplo de Mente fija:

Un amigo mío, quería ser cantante pero lo atemorizaba la idea no poder pararse en un Estrado al frente de un público.

Encima decía que la edad estaba en su contra (39 años)

Me contaba que amaba cantar pero estaba seguro que no había nacido para eso porque no se veía de éxito.

Le aconsejé tener la ayuda de un mentor (Porque yo no puedo ayudar a amigos o familiares, se les puede dar unos tips más no un mentoring, es mejor buscar ayuda de un mentor que no conocen)

Esta persona me miró asombrada y me dijo que nadie lo iba a cambiar porque el sabia como era. Lo único que me quedo decirle es que tenía razón si así lo creía e iba a manifestar más de lo mismo.

- Mente de crecimiento- Ustedes creen que los grandes líderes o gente de mucho éxito, se hicierón exitosos en el primer intento?

Por supuesto que NO!

Tuvieron infinidad de caídas pero decidierón nunca rendirse. Se limpiarón las rodillas, se aguantaron el dolor y siguieron adelante hasta ver sus resultados favorables.

Yo recuerdo muchos años atrás lancé mi negocio de mentoring lo primero que hice fué lanzar mi website y esperar con los brazos cruzados a que la gente me busque y lamentablemente no fué así.

Me rendí? Por supuesto que NO!

Seguí aprendiendo y empecé a hacer propaganda en una revista de la comunidad cada mes. Con esta estratégia empezarón a acercarse algunas personas averiguando por mis servicios, pero aún no veía un flujo adecuado.

Me rendí? Por supuesto que NO!

En esos momentos me acordé de mi clase de PNL (Programación Neurolinguística) cuando mi profesora siempre nos decía:

Que la palabra rendirse no debe existir en nuestro "Diccionario de éxito"

Que sí algo fallaba siempre deberíamos tratar algo más

En cada clase mi profesora nos preguntaba:

Alumnos, sí algo no les funciona, qué hacen?

Y siempre le decíamos ALGO MAS

Está pregunta y respuesta se me ha quedado instalado en mi subsconciente y de manera consciente he aprendido como actuar usando mi mente de crecimiento

Conforme fuí invirtiendo en mí, mi mente se fué expandiendo y creciendo. Las oportunidades e ideas comenzarón a aparecer en mi vida. No hay nada más bello que ser el creador de tu nueva realidad.

Las personas con mente de crecimiento se enfocan en las posibilidades y si algo es desconocido o fracasan en la tentativa, no se rinden. Deciden aprender nuevas habilidades para implementarlo en sus planes de conquista.

Están convencidos que los retos son parte del crecimiento y oportunidades para construir el músculo de la autoconfianza.

Ejemplo de Mente fija:

Una persona está en su trabajo realizando sus labores cotidianos y el gerente se le acerca para informarle que ha encontrado una falla en la producción de camisas y eso está afectando la calidad del product.

La persona en vez de amargarse, pide disculpas por su error y ofrece toda su voluntad para remediar la situación. Incluso pide por favor tener un entrenamiento adicional en la área que ha fallado.

Recibe la opinión y llamada de atención del gerente como una lección de crecimiento y aprendizaje.

En conclusión, adoptando una mentalidad de crecimiento nos llevará a un panorama positivo, más amplio, de aprendizaje y superación personal.

Sin embargo, adoptando una mentalidad fija, podemos crear miedo al fracaso y rechazar o tratar nuevas cosas

Les pregunto que tipo de Mentalidad quieren adoptar?

La respuesta la tienen Ustedes!

11. Rodéate de Personas afines a Tí

Tú eres el promedio de las 5 personas que te rodean- Jim Rohn
Mira a las personas de tu entorno en el que te desenvuelves

.... Te elevan? O siempre están tratando de derribarte?

A veces en ésta lista puede estar algunos amigos y hasta familiares. No siempre porque están en tu contra. Lo que pasa que tienen temor a que fracases y quieren protegerte. Otros lo hacen por envidia, porque no se ven reflejados en tu éxito y tienen miedo de quedarse atrás.

Algo que he aprendido después de tanta prueba y error, es a no abrir la boca antes que mi proyecto esté bien encaminado o terminado.

Antes era de las personas que ni bien tenía una idea, automáticamente la contaba.

Recibía los siguientes comentarios:

- La idea se ve buena pero estás segura que te conviene hacerlo?
- Hay mucho dinero de por medio, no te parece muy riesgoso intentarlo?
- Estás segura de escribir un libro? Ser Autor es muy difícil, hoy en día la gente no compra libros

Les cuento que cuando decidí escribir mi primer libro, como era una novedad para mí, y quizás mis temores buscaban cierta validación externa. Decidí contarle a algunas personas de mi proyecto y más de uno me dijo lo que he mencionado arriba.

Las personas que están a nuestro alrededor influyen en nuestras decisiones, acciones y resultados. Lamentablemente escucharlos me paralizó y dejé de escribir mi libro por un par de meses hasta que lo terminé y publiqué en Español e Inglés.

Con la lección aprendida, cerré mi boca y no dije nada hasta que lo publiqué. Igualmente el segundo libro fué publicado en Español e Inglés.

En estos momentos me encuentro al pie de la computadora escribiendo mi tercer libro "Conviértete en un Imán de Abundancia" y mi boca está cerrada.

Me falta poco para terminarlo y publicarlo y recién se enterará la gente de mi entorno de la existencia de este libro.

Ustedes ya lo tienen en sus manos en estos momentos. Me siento muy agradecida por ello.

Me siento contenta de poder haberles contado la importancia de quedarse callados cuando están preparando un proyecto y aún no tiene mucha forma.

Para rodearte de gente positiva que te critique de manera constructiva y no destructiva sigue los siguientes pasos:

- Hazte miembro de grupos de networking- Busca asociaciones de grupo de personas que estén relacionados con lo que haces.

Encontrarás personas que tienen la misma mentalidad que Tú, podrás intercambiar ideas, ayudarse mutuamente, crear alianzas, hasta iniciarás un círculo nuevo de amistades

Por ejemplo,

- Asociaciones de negocios
- Asociaciones de la carrera que ejecutas
- Asociaciones del deporte que haces
- Asociaciones o clubes con intereses a fines

Yo soy miembro de tres asociaciones en Melbourne-Australia

Las tres asociaciones son de Emprendedores y Empresarios. Para mí es importante ser parte de estos grupos porque atraigo negocios de manera orgánica, mi marca personal y de negocios se hace más visible.

Hay una plataforma llamada "Meet up" la pueden encontrar en www.meetup.com es una plataforma Americana con acceso en todo el Mundo. Al entrar a esa plataforma encontrarán diferentes eventos en diferentes categorías. Se inscriben como miembros del grupo que les parezca adecuado a sus interes. Los eventos pueden ser presenciales o por ZOOM.

Incluso Ustedes pueden lanzar sus propios eventos y ser los organizadores y atraer miembros.

Si entran a la página de Meet up, me pueden encontrar como organizadora de mis propios grupos:

- The Exclusive Public Speaking & Leadership Club Meet up
- Entrepreneurs business club
- Emprendedores de Éxito (Este es un Meet up en Español, que lo realizamos a través de ZOOM

A través de estos eventos que lo vengo haciendo ya varios años, he atraído clientes de manera orgánica. He conocido a muchas amistades que ahora forman parte de mi entorno social.

Les aconsejo investigar ésta página.

- Hazte voluntario de una buena causa- Conocerás personas de gran corazón que les gusta retribuir a la comunidad con grandes valores.
- Toma clases por internet o en persona- Nunca se sabe quién puede ser tu compañero y te ayude a cambiar tu vida. Tendrás la oportunidad de aprender nuevas cosas y compartirlas con personas de similares intereses y valores

12. Visibilidad sin disculpas

Vivimos en un mundo muy competitivo, la manera de hacer negocios e interactuar con otros a cambiado totalmente. Una de las razones para éste cambio es el avence tecnológico.

Tenemos diferentes medios para comunicarnos con el Mundo a través de diferentes redes sociales al alcance de nosotros.

A raiz de la Pandemia Covid 19, muchas empresas han decidido trabajar de manera virtual creando una nueva forma de percibir las cosas. El mostrarse en persona se está haciendo más difícil.

Si hablamos de abundancia en nuestras diferentes áreas de vida, imagínense Ustedes en el área de estudios, amigos, o relaciones amorosas. Las posibilidades de verse en persona ha reducido un gran porcentaje.

Hace poco conversaba con un grupo de Jovenes hombres y mujeres entre 20 a 25 años y me decían que las posibilidades de tener pareja y casarse no eran muy alentadoras. Les pregunté pórque?

Me dijerón que la tecnología y diferentes redes sociales había cambiado mucho la personalidad de la gente, muchos de ellos veían la vida de manera superficial, rápida y no estaban muy interesados en asumir responsabilidades o deberes.

Qué tenemos que hacer entonces para atraer abundancia en todas las áreas de nuestra vida?

Adaptarnos a los cambios es muy importante para seguir creciendo, atrayendo abundancia y ahora más que nunca ser visibles. "Una visibilidad sin disculpas"

Pero no refiero a ser visibles de manera superficial. Debemos crear una visibilidad en la cual no se sientan avergonzados por el que dirán otros. Ser más visibles en los campos que necesitan hacerlo irradiando su abundancia interna, valores, amor incondicional, respeto, conocimiento "Sin PEDIR DISCULPAS" El oro no necesita justificarse pórque es oro y tiene mucho valor, solamente brilla e irradia su belleza!

Igualmente nosotros no necesitamos andar pidiendo disculpas o sentirnos mal por lo que hacemos, nos mostramos o decimos. El único requisito es hacerlo bien y de corazón.

Les voy a explicar la diferencia entre mostrarse ofreciendo algo de valor y mostrarse presumiendo.

- Mostrarse siendo tu mismo- Es mostrarse al Mundo desbloqueando tu potencial interno y no tener temor a ser criticados o rechazados porque ese querer compartir está basado en ser de ayuda y contribución.

Mostrarse al mundo con el deseo de compartir conocimiento, valores, emociones que van del corazón. Lo pueden hacer físicamente o a través de diferentes redes sociales llegando de esta manera a muchas personas.

Visibilidad sin pedir disculpas, tiene el poder de mostrarte de manera auténtica sin pretender ser alguien que no eres.

Lamentablemente hoy en día más predomina el juzgamiento por la cobertura externa del libro que el propio contenido.

Muchos estamos en busca de aquellas personas que se muestran al mundo, son verdaderos y auténticos con ellos mismos. Aprecian sus innatas cualidades y las quieren compartir al mundo sin pedir disculpas porque tienen mucho que dar e irradiar.

Saben que este tipo de personas han desarrollado su mente y tienen una mentalidad de crecimiento. No están dispuestos a permitir que el miedo, inseguridades o juzgamiento de otros paralice su visibilidad.

¿Es fácil ser visibles sin pedir disculpas? ¡Por supuesto que NO!

Al comienzo uno se siente vulnerable de dejar la zona de confort y mostrar al mundo nuestro verdadero ser. Por supuesto que el miedo en sus diferentes formas nos persigue. El miedo de quedar en ridículo, ser criticados, rechazados juega con nuestra mente.

Pero el mostrarse transparente y auténtico sin tener que justificarse y pedir disculpas nos libera de la prisión interna y nos permite crear una conexión profunda con otros.

En conclusión este tipo de visibilidad nos permite seguir nuestro propio camino aún cuando no esté en concordancia con el bullicio externo, con las opiniones, expectaciones y deseos de otros. Al final seremos una inspiración para otros.

- Mostrarse presumiendo- Son aquellas personas exhibicionistas, visibles pero muchas veces pretendiendo ser alguien que no son. Ya sea virtual, físicamente, o en redes sociales siempre están presumiendo lo que tienen o muestran cosas que no tienen con la sola intención de presumir y ser marco de atención.

No hay autenticidad o un mensaje que sea de contribución. El acercamiento es superficial.

Muchas de éstas personas viven con conflicto interno, no saben su propio valor. Y como todo niño pequeño que no es querido o atendido andan buscando atención.

La opinión de otras personas es muy importante para ellos y para no ser criticados o rechazados obstentan grandes habilidades, lujos, marcas, propiedades.

Viven en un constante estrés buscando como mostrarse al mundo de manera perfecta.

¿Por qué hay mucha gente sufriendo falta de autoestima y amor propio?

Porque nuestra Sociedad muestra muchas cosas inverosímiles. Gente presumida y no auténtica en las diferentes redes sociales. Han perdido muchos valores, la primera prioridad para ellos es ser visibles presumiendo y atrayendo atención.

Esta conducta perjudica al común denominador de personas tratando de reflejarse en esa falsa abundancia. Muchos de ellos se sienten miserables, pobres, se preguntan pórque ellos no tienen lo que otros tienen?

A todas aquellas personas que se sientan así yo les digo que no todo lo que se ve y escucha es cierto! La mejor abundancia está dentro de Ustedes. Y no necesitan nada externo! Absolutamente nada! Porque tienen la abundancia interna y son capaces de atraer y manifestar lo que tanto anhelan.

13. Principio Ser/ Hacer/Tener para manifestar abundancia

El principio "Ser" "Hacer" y "Tener" de Zig Ziglar, tiene una gran influencia en la vida de las personas. Muchas veces quieren tener cosas, a veces de la noche a la mañana, quieren saltar pasos. En ese proceso entran en desesperación, se les presentan dificultades.

No han desarrollado su ser interno, no han desarrollado su potencial interno porque su primera prioridad es tener, ya sea carros, lujos, propiedades.

Éste principio es un principio filosófico de Zig Ziglar. Ser, Hacer y Tener . Primero tenemos que convertirnos en esa persona merecedora de lo que queremos tener.

Tenemos que trabajar en el "ser" en la energía y mentalidad que poseemos

PARA DE COMPLACER A OTROS EMPIEZA POR COMPLACERTE A TÍ

Gaby Company

Lamentablemente no nos damos cuenta de eso. Somos energía infinita. Si realmente tomaramos consciencia de ello y realmente usaramos esa energía ilimitada, el proceso para obtener lo que queremos sería mas fácil.

Por ejemplo,

Hay gente que quiere salud sin embargo, no son personas que han cultivado sus valores, su mente no va alineada a lo que quieren conseguir. Tienen una mentalidad de carencia, una mentalidad con creencias limitantes, no se cuidan, no hacen ejercicios. Están envueltos en problemas, buscan satisfacción externa, satisfacción extra, como el licor en abundancia, cigarros y aún así quieren ser saludables

Cuál es el proceso entonces para manifestar "Salud" usando el principio de Zig Ziglar?

SER

Tenemos que ser una persona con mentalidad de crecimiento, con pensamientos positivos, crear y aplicar nuevos hábitos.

Alejarnos de la gente nociva y dejar ser víctimas de nuestro pasado. Amarnos y amar a otros. Elevar nuestros estándares y no permitir que nos roben nuestros sueños.

Nuestro "Ser" tiene que estar alineado con nuestros valores, visión y propósito. Esto significa mantener un actitud positiva, cultivar nuestra autenticidad y ser agradecido por todo lo que actualmente tenemos.

Vernos y sentirnos como triunfadores para finalmente tomar la acción de ganadores y manifestar lo que queremos tener.

HACER

Se refiere a todas las acciones necesarias que se tenga que realizar para llegar a la meta deseada, en este caso es la "Salud".

Tenemos que establecer intenciones claras, tomar acciones hacía nuestras metas. Se necesita ser consistente y disciplinado.

Sin embargo, el común denominador de gente se enfoca en acciones apresuradas, o acciones que se realizan desde la mentalidad de miedo, escasez, dificultad e inconsistencia.

Está es la programación de la tercera dimensión, donde hacer algo significa demasiado esfuerzo, preocupación y mucha resistencia.

Manifestar desde el campo cuántico, en ese espacio invisible energético donde se encuentran todas las posibilidades ya sea bueno o malo.

Este campo energético está esperando recibir una señal similar para mandar más de lo mismo al mundo físico.

Si sabemos esto, nuestras acciones y quehaceres ejecutados con una energía, frecuencia y vibración alineada con el campo cuántico, nos permitirá trabajar de manera amena, irradiando energía del corazón y ser capaz de manifestar lo que tanto anhelamos. En este caso el ejemplo es la "Salud".

Una vez que hemos formado nuestro ser y somos las personas merecedoras de lo que queremos atraer tenemos que entrar a la "Acción".

- Dejar la zona de confort
- Crear un plan de acción
- Ejecutar ese plan de acción
- A quién tenemos que recurrir para que nos ayude a alcanzar nuestra meta. En el caso de la salud, puede ser estar registrado en un gimnasio, contar con la

ayuda de una especialista en alimentación, un entrenador personal etc.
- Qué malos hábitos tenemos que remover de nuestra vida diaria?
- Qué buenos hábitos tenemos que agregar a nuestra vida diaria?

TENER

Tenemos que mantener nuestro nivel de consciencia alto, sabiendo que somos abundancia. Permaneciento siempre abierto y alerta a nuevas oportunidades.

Cuando hemos formado nuestra parte interna y nos hemos convertido en la persona que siempre hemos querido ser, el "Tener" se manifiesta rápido.

Recuerden no manifestamos lo que queremos, manifestamos lo que somos.

El querer tener cosas es un BONUS a lo abundante que ya somos. No necesitamos tener nada externo para ser seres divinos y absolutos. La abundancia es nuestra marca de nacimiento y como tal nos corresponde pero recuerden siempre tiene que estar alineada a la persona merecedora de esa abundancia.

14. Sé agradecido

La gratitud es una de las leyes más importantes del Universo. Es cultivar apreciación por todo lo que tenemos en el presente momento.

Ser agradecidos por las pequeñas o grandes cosas que están a nuestro alrededor. No esperar manifestar futuras cosas para recién estar agradecidos.

Aún cuando enfrentamos momentos críticos, es importante

preguntarnos cuál es el mensaje de esa lección? Qué aprendemos de ella? Qué tenemos que agradecer de esa experiencia?

Si nos hacemos estamos preguntas, nuestro estado emocional y pensamientos cambiarán porque nos daremos cuenta que siempre hay algo que agradecer.

Quizás la experiencia te hizo más fuerte, más responsable, algo mejor está por llegar. El mensaje será de mucha ayuda para tu bienestar general y felicidad.

Si desarrollamos el hábito de tomarnos un tiempo cada día para apreciar la belleza y grandeza que tenemos a nuestro alrededor con agradecimiento, veremos como nuestro enfoque se aleja de la toxicidad, estrés y nos dirige hacía la abundancia positiva.

Cómo practicar la gratitud?

- Tener un diario de la gratitud- Es aconsejable tener un diario de la gratitud donde día a día puedas escribir no menos de 3 cosas por las que estás agradecido.

Quizás al comienzo se te haga difícil enfocarte en el ejercicio. No te des por vencido y verás como fluirá tu agradecimiento.

- Agradecer cada vez que recibas algo- A veces se nos pasa mostrar agradecimiento cuando recibimos algo creyendo que nos pertenece.

La palabra "Gracias" debe estar en tu lenguaje y boca de manera consistente.

Dar las gracias al pobre, al millonario, al inválido, al adulto, al niño etc. Sin distinción alguna todos merecemos recibir palabras de agradecimiento.

El mundo sería completamente diferente si cada individuo mostrará amor y agradecimiento por su prójimo

- Gratitud frente al Espejo- Mírate en un espejo y empieza agradecer a esa persona maravillosa que está al frente tuyo

Ejemplo,

Gaby te agradezco por todos los retos que has pasado y nunca te rendiste. Cuando no sabías decir "NO" y complacías a otros, quizás esas lecciones te golpearon, pero gracias a ellas pudiste invertir en Tí y convertirte en la persona que eres ahora.
Te agradezco por no haber soltado mi mano y ser mi guía en este camino llamado vida.
Te Amo mucho!

- Visita lugares- Sal a la calle y donde te encuentres empieza a mirar a tu alrededor y agradece la inmensidad de la vida.

Por ejemplo,

Agradece la naturaleza, mirar las flores, ver el panorama, el cantar de los pájaros, el sonido de los carros.
Te das cuenta que hay tanto que agradecer!

15. Cree en Ti

Sabías que nosotros podemos ser nuestros propios admiradores o nuestros propios enemigos.
Les cuento que hace un par de años cuando estaba condu-

ciendo un seminario pedí a la audiencia que levante la mano los que tenían planeado alcanzar una meta o ya la habían alcanzado. Un 40 % de personas alzaron la mano confirmando que estaban planeando hacerlo o ya lo habían logrado.

Sin embargo un 60% no levantó la mano. Cuando empecé a preguntar pórque no habían levantado la mano.

Las respuestas fueron las siguientes:

- No tengo los conocimientos necesarios para lograr mi meta
- Las metas son alcanzadas solo por gente muy inteligente
- Estoy bien con lo que estoy haciendo no necesito otra cosa más
- Mi meta es crear un negocio pero no tengo el dinero para hacerlo
- Soy muy joven nadie va a creer en mí
- Ya tengo mi edad y es muy difícil que me tomen en cuenta

Las respuestas mencionadas arriba son las excusas más frecuentes que el común denominador de personas tiene.

A veces las experiencias pasadas limitan el querer intentarlo de nuevo. Tienen temor de caer en lo mismo, invertir dinero y perderlo.

Los aterra el ser criticados porque piensan que ya fracasaron anteriormente y no quieren pasar por lo mismo.

Se comparan mucho con las personas que ya consiguierón el éxito y creen que ellos no lo consiguen porque son medíocres.

Si son personas mayores no se sienten confortables alrededor de gente joven tratando de conseguir la misma meta.

Si son personas Jovenes tienen la creencia que su opinión no cuenta y que la meta que consigan no tendrá importancia por falta de experiencia

En el fondo de todas éstas excusas, la única razón válida es que "No creen en ellos"

La buena noticia es que uno puede trabajar a crear una nueva persona sin perder su verdadera esencia. Adquiriendo nuevos conocimientos, teniendo mentores, erradicando creencias limitantes, elevando la autoestima y confidencia.

La edad, el dinero, la falta de conocimiento, y demás excusas no es un motivo suficiente como para abandonar nuestros sueños. La pregunta que hasta ahora vengo haciendo es "Qué clase de persona tienes que ser para lograr tus metas" "En qué clase de persona tienes que convertirte para alcanzar tus metas?

Es muy cierto que a veces el ambiente y la Sociedad en que vivimos no ayuda a ejecutar las cosas rápidamente. Pero tenemos que ser más fuertes que los obstáculos y barreras. Si no se presentan oportunidades idóneas, entonces tenemos que crearlas.

Antes de dejar mi País (Perú) tuve una conversación con una amiga que en aquella época tenía alrededor de 30 años y me dijo casi llorando y amarga a la vez, que se había presentado a un puesto de trabajo en unos de los Bancos de Lima-Perú y cuando llegó a la entrevista el gerente le dijo que no había sido exitosa su aplicación.

Mi amiga no dudo en encarar al gerente y decirle que había visto por el pasadiso a gente mucho más joven, que incluso escuchó que algunas de esas personas habían sido aceptadas. Le preguntó una y otra vez si la edad había jugado un papel decisivo en la elección . El gerente afirmó que no pero no mostró mucha convicción.

Es cierto que hay mucha competencia hoy en día en

todos los campos de trabajo y posiblemente la edad influya lamentablemente.

Este concepto de edad y trabajo es percibido de diferente manera en los diferentes Países.

A Dios gracias en New Zealand, el primer País que nos acogió a mi Familia y a mí y luego Australia, el País en el cual actualmente resido con mi Familia, no muestra diferencias entre las personas.

Se puede ver gente muy mayor trabajando en diferentes puestos de trabajo sin ninguna restricción. El criterio principal es saber desenvolverse en el campo de especialidad y aportar resultados a la compañía.

Si se necesita de recursos económicos se puede aplicar a instituciones que igualmente muestran su apoyo.

Sea cual sea el caso, lo importante no es enfocarse en las dificultades, hay que enfocarse en las soluciones. Empezar a creer en nosotros mismos y convertir lo invisible en visible.

Qué hacer entonces si tengo problemas de conseguir trabajo por la edad?

Crear un negocio! Hoy en día hay diferentes maneras de crear negocios por internet que no involucre mucha inversión.

Hagan una lista de las cosas que saben hacer y que les gustaría realizar. Verán que saldrán muchas ideas.

Cuando creemos en nosotros y no lo que el mundo externo pueda querer dictarnos, estaremos con una armadura invisible llamada "confidencia" que nos ayudará a resistir con hidalguía cualquier reto.

A veces los padres, amigos o familiares pueden decirnos que creen en nosotros, pero si nosotros no creemos en nosotros mismos, nada va a cambiar.

El creer en nosotros es un proceso de lucha interna, crear

una coraza de autoestima, amor propio, confidencia por encima de cualquier batalla externa.

Uno nunca para de seguir expandiendo la mente de crecimiento, no es un camino final el que se persigue. Es un viaje de vida que se aprende en el camino y lo más importante es "en que clase de persona nos convertimos"

Estratégias para desarrollar confianza en Ti mismo:

- Evita gente negativa a tu alrededor- Rodéate de gente que te ayude a avanzar y no a retroceder.
- Invierte en Ti- No escatimes invertir dinero en tu crecimiento personal. Mucha gente piensa que es caro invertir en un libro, conferencia, seminario o mentores. Hay que ver que opinan cuando los golpea la ignorancia.

Ya les he contado como empezó mi viaje de crecimiento personal. El comienzo fué difícil porque no tenía mucha claridad de lo que quería.

Conforme iba aprendiendo y creyendo más en mis habilidades, empecé a creer en mí con fuerza.

Pero el invertir en uno no es leer un par de libros, atender unas cuantas conferencias y basta.

La abundancia de oportunidades nos va llevando a conocer otros caminos y a seguir invirtiendo en nosotros.

El hambre de seguir creciendo personalmente y fortaleciendo mi ser interior me llevó a caminos que nunca pensé tomarlos.

Recuerdo que se me presentó la oportunidad de atender una conferencia con Grant Cardone- Líder en ventas y finanzas, inversionista en bienes y raices y experto en desarrollo personal. Ésta conferencia era de 5 días en Miami-Estados Unidos.

CREE EN TI CON TODAS TUS FUERZAS Y VERÁS QUE NADA EXTERNO PODRÁ DERRIBARTE

Gaby Company

Yo vivo en Australia y viajar sola a Estados Unidos era un reto! Había que invertir en el ticket de la conferencia, pasaje en avión, acomodación y alimentación.

Al comienzo como toda persona común y corriente, me entró mis temores, me preguntaba cómo iba a conseguir el dinero para afrontar ese viaje?

Después de unos breves minutos me dí cuenta que esa voz interna quería gobernar mis pensamientos y emociones creando duda en mí.

Si no podemos controlar nuestros pensamientos no podremos controlar lo que que queremos hacer.

Empecé a aplicar todas las estratégias que vengo mencionando en este libro.

Una de ellas fué visualizarme cada noche en meditación, subiendo al avión con pasaporte en mano. Sentándome en uno de los asientos mirando por la ventana como despegaba el avión. Incluso veía a la aeromoza trayendo la comida. En otras de mis visualizaciones me veía tomando un taxi camino a la conferencia y ya me veía disfrutando de ella.

En todo momento me sentía feliz, empecé a tomar acción en las cosas necesarias para acercarme a mi mcta. Estaba agradecida de antemano por ver en los ojos de mi mente ya manifestado mi viaje. Dos meses después compré mi ticket para la conferencia, reservé una habitación en un hotel de Miami y compré mis tickets de avión.

El Universo siempre nos está poniendo pruebas para ver que tanto creemos en nuestros sueños y que clase de persona somos.

Cuando el avión despegó y ví por la ventana como me alejaba de Melbourne-Australia para visitar Miami y atender la conferencia, unas lágrimas gruesas cayeron de mis ojos porque sentía pena de dejar a mis dos hijos y esposo y yo sola estaba en esta misión de aprendizaje.

Me decía a mi misma, Gaby todo lo que tienes que hacer y sacrificar para seguir creciendo y avanzando. Cuando llegué al aeropuerto nadie me esperaba, yo sola tenía que buscar un taxi e irme a mi hotel tal como lo visualice. De ahí vinieron otros viajes más a diferentes lugares. El miedo nunca desaparece pero se aprende a bailar con él.

Mi mensaje es decirles que todo es posible en la medida que crean en Ustedes. No importa las grandes montañas que tengan que subir. Nunca dejen de soñar y alcanzar lo que tanto anhelan.

Hagan lo que otros no hacen para que tengan lo que otros no tienen. Esto es ley Universal.

- Se compasivo contigo mismo- Cuando las cosas no te salen como esperabas, no te impacientes, es parte del proceso.

Mírate con amor, amabilidad y compasión. Siéntete que ya empezaste tu camino a la conquista mientras otros siguen en su zona de confort.

16. 80/20 Principio de Pareto

No se si han escuchado de este principio, es realmente muy útil para ser más efectivo y productivo en las diferentes áreas de su vida.

Según el economista Vilfredo Pareto el 80% de consecuencias viene del 20% de las causas.

— Para atraer abundancia- Debemos enfocarnos en las acciones alineadas con nuestro corazón, estratégias claves como elevar nuestra frecuencia y vibración.

Este trabajo será muy estratégico, pondremos nuestro enfoque antes mencionado en un 20%. En vez de trabajar arduamente sin dirección y claridad.

Si estamos convencidos que somos abundancia interna con capacidad de manifestar lo que queremos nuestro trabajo será un 20% efusivamente y lograremos el 80% de resultados.

Qué pasa con la mayoría de personas? Se desesperan trabajando y se distraen en el 80% de tareas a veces innecesarias para solo obtener el 20% de resultados.

La clave es enfocarse en el 20% efectivo y productive para tener el 80% de lo que queremos.

- Cómo funciona en las empresas? Los empresarios se enfocan en encontrar y contratar a un 20% de empleados expertos en su campo para que den el 80% de resultados en la empresa.
- Manejo del tiempo- Como siempre digo, nos han enseñado a que debemos manejar el tiempo, pero no es el tiempo que se maneja. Son las actividades dentro de ese tiempo.

Aplicando el principio de Pareto nos ayuda a priorizar las actividades que tenemos que realizar. Entonces tenemos que enfocarnos en el 20% de tareas a realizar que nos va a dar el 80% de resultados en menos tiempo.

- Para tener abundancia con la pareja- Dedicar el 20% de calidad de tiempo, atención, comunicación a la pareja para conseguir el 80% de resultados armoniosos.

En pocas palabras más calidad que cantidad.

- Cómo funciona en los negocios- El 80% de las ventas provienen del 20% de los productos. Esto nos ayuda a darnos cuenta que debemos enfocarnos en la calidad del producto, y buena atención al cliente.
- Aplicar el principio en la salud- Qué hacer para mantener una buena salud aplicando el principio pareto?

Analizar cuál es el 20% de acciones que tenemos que realizar para conseguir el 80% de grandes resultados para nuestra salud.

Por ejemplo,

- Qué hábitos malos tenemos que erradicar y nuevos hábitos fructíferos implementar?
- Qué comida no saludable tenemos que remover de nuestra dieta y empezar a consumir comida saludable.
- Qué rutina de ejercicios tenemos que empezar a ejecutar y eliminar el sedentarismo

Como se pueden dar cuenta éste principio se puede aplicar a cualquier área de nuestra vida. Tómense un tiempo y vean como pueden aplicar éste principio para conseguir más en menos tiempo y con más calidad.

Este principio me ha ayudado mucho en mi vida a alcanzar muchas metas. A tener calidad de vida con mi Familia y conmigo misma.

CAPÍTULO 7
TU CAJA DE HERRAMIENTAS PARA ATRAER ABUNDANCIA

El problema no es la falta de Abundancia. El problema eres Tú! Erradica tus creencias limitantes para atraer abundancia

GABY COMPANY

Hasta el momento les vengo compartiendo conocimiento y estratégias muy puntuales e importantes que ido aprendiendo a través de los años de mis mentores y del bello camino de invertir en Mí.

Ahora les voy a compartir una caja mágica y práctica de herramientas para atraer abundancia en todas las áreas de su vida.

Los requisitos para usar las herramientas son:

- Apreciar cada herramienta y creer que nos será útil
- Elevar tu frecuencia y vibración siempre que las uses
- Usarlas tomando acción alineado con tu corazón
- Dejar tus viejas creencias e historias acerca del dinero
- Estar en la capacidad de pedir perdón y perdonar

- Estar siempre agradecido por lo que ya tienes a tu alrededor
- Ser paciente
- Creer en Ti por encima de todas las cosas
- Ser el propio dueño de tu vida
- Ser de contribución para el Mundo
- Ser disciplinado y perseverante
- Creer en la ilimitada abundancia que viene a Ti

1. **Pizarra Mágica**

Qué es una pizarra mágica?

Es una representación visual de lo que queremos manifestar. Poniendo diferentes fotos de las cosas que queremos atraer. También puede ser digital.

Has creado alguna vez una pizarra mágica? Te funcionó?

Hay muchas personas que han creado pizarras mágicas pero no les ha funcionado. Pero pórque no les ha funcionado si han colocado fotos de todo lo que quieren? Cuál es el eslabón perdido?

Es su Mente! Sus creencias limitantes, mente de escasez, falta de acción y diferentes miedos!

No basta con poner diferentes fotos en una pizarra mágica y sentarse a rezar esperando que la magia venga y que todo se manifieste sin hacer nada.

Yo conduzco seminarios para manifestar la vida de tus sueños creando una pizarra mágica. Los seminarios son de 5 horas y antes de pasar a crear la pizarra mágica, pasamos 3 horas trabajando en nuestros ser, en como erradicar creencias limitantes, autosabotaje, mente de escasez, traumas pasados etc. porque no podremos manifestar lo que no somos o creemos.

Recuerden que no manifestamos lo que queremos, manifestamos lo que somos.

Cuando empezamos la clase, algunos participantes llegan con la cara atemorizada, fruncida porque tienen miedo a lo desconocido, otros llegan contentos expectando crear la magia.

Conforme van pasando las horas, los que estaban con la cara fruncida y atemorizados cambiaron a un estado más relajado. Y pórque sucede esto?

Porque han ido liberándose del autosabotaje, creencias limitantes etc.

Cómo funciona la pizarra mágica?

La pizarra es un mapa del camino a seguir, es poner nuestras intenciones con la finalidad de hacerlas realidad. El problema con las personas es que no tienen claridad de lo que quieren exactamente. Tienen ideas generales o vagas. No saben el propósito. Si queremos manifestar algo específico que hace mucho tiempo sentimos la llamada, entonces sería conveniente seguir los siguientes pasos:

– Manifestar un viaje-

A dónde queremos viajar?
Con quién queremos viajar? Con otras personas o solo nosotros?
Pórque queremos ese viaje?
Qué beneficios vamos a obtener de ese viaje?
Cómo nos sentiremos si se manifiesta ese viaje?

Sabiendo cada punto entonces buscamos la foto de ese lugar o País y lo ponemos en la pizarra mágica. No basta con poner la palabra "viajar" cuanto más específicos sean más rápido se manifestará lo que tanto anhelan

Tomar acción alineado a tu corazón. Investigar lugares que desearían conocer una vez que esten en el lugar soñado. Esto es importante para elevar la frecuencia y vibración sintiéndose ya en el lugar y mostrando agradecimiento.

Les cuento como manifesté un crucero de 12 días por el Mediterraneo con toda mi Familia.

En el 2019 el Dr. Joe Dispenza- Autor, conferencista en los temas de neurociencia y física cuántica. Condujo una conferencia de 10 días en ese crucero.

El crucero partía de Italia y regresaba a Italia después de 12 días. Eso quiere decir que teníamos que tomar un avión de Australia a Italia-Roma y de Roma a un pueblito donde nos esperaba el crucero.

Ir con toda la Familia a un crucero de esa magnitud donde iba a recorrer por diferentes Países que involucraba gastos extras no era fácil. Sobretodo cuando tienes deberes que realizar donde vives y que todos los integrantes de la familia coincidan con la idea.

Mi deseo profundo de querer atender la conferencia del Dr. Joe Dispenza y seguir invirtiendo en mi conocimiento fué más fuerte que cualquier duda o miedo.

Que hice?

- Busqué en Google la foto de la propaganda del crucero, la printé y la puse en mi pizarra mágica junto a una foto de toda mi Familia y yo.
- Escribí debajo de la foto: El nombre de cada uno de nosotros y agradeciendo que ya estabamos en el crucero.
- Empecé a llamar a agencias de viajes para preguntar cuánto estaba el pasaje aéreo de Melbourne a Italia.
- Empecé a ver en You tube attracciones en Italia, Francia, España, Mónaco and Gibraltar porque ese era el recorrido del crucero.

Cuando veía los videos me sentía ya recorriendo esos bellos parajes.

- En meditación visualizaba a mi familia y yo subiendo al avión de Melbourne rumbo a Italia
- Cuando me iba a la piscina a nadar, elevaba mi frecuencia nadando con mucha energía y afirmaba que me veía nadando en la piscina del crucero que aún no conocía.

Se dan cuenta lo que les digo?
"Me veía nadando en la piscina del crucero que aún no conocía" Eso quiere decir que desde un principio creí que ya lo había manifestado.

- Todos los días escribía en mi cuaderno de gratitud lo agradecida que estaba por haber manifestado mi experiencia en el crucero con mi familia. Agradecía cuando no había comprado ni el ticket de avión.
- También puse fotos en mi pizarra mágica de todos los Países donde el crucero haría su recorrido.
- Todos los días repetía afirmaciones de abundancia de dinero, sintiendo una bella emoción.

Dos meses después compramos 5 pasajes para Italia, pagamos la entrada a la conferencia y el precio del crucero.

Algunas personas no manifiestan lo que ponen en la pizarra mágica porque no hacen el trabajo interno. Les falta consistencia y perseverancia en el proceso de manifestación. Se rinden y afirman que la pizarra mágica no funciona. El problema no es la pizarra mágica, el problema es la persona.

La pizarra mágica es una guía, un mapa que nos mantiene alerta de lo que queremos, pero somos nosotros los que tenemos que usar ésta herramienta adecuadamente

En conclusión, paciencia es una virtud que tenemos que aplicar en el proceso de manifestación. A veces las personas no creen en esta herramienta porque esperan ver resultados de la noche a la mañana y como eso no siempre ocurre se frustan y se olvidan de la pizarra mágica.

No hay un tiempo exacto en el proceso de manifestación. Puede tomar días, meses, años o al instante.

Por ejemplo,

El actor Americano Jim Carrey de la película "La Máscara" estuvo atravesando serios problemas financieros y un día decide escribir en un cheque en blanco la cantidad de 10 millones pagados a su nombre por servicios de actuación.

Lo cargaba siempre en su bolsillo y el cheque estaba hasta viejitos pero Jim Carrey nunca perdió la esperanza. Finalmente llegó el día que manifesto ese dinero por su actuación en la película "Dumb and Dumber" El pago fúe exactamente 10 millones.

2. Cheque de la abundancia

Vayan a Google, busquen "Cheque en blanco del Universo" y printalo.

Escriban en el cheque la cantidad que quieren manifestar. No se les ocurra escribir cualquier cantidad que se les viene a la mente.

Pórque quieren esa cantidad de dinero?

Qué quieren co-crear con ese dinero?

Estás preguntas son un ejercicio para expandir su mentalidad de abundancia.

Pongan su nombre en el cheque como recibidores de ese dinero. En la fecha pueden poner AHORA, es una expresión para centrarse en el momento presente y no crear presión.

Quién firma el cheque? El Universo

Colocar el cheque en la pizarra mágica o billetera.

3. **Abundancia en tu billetera**

Tu billetera es muy importante para atraer abundancia. Siempre debes tener un billete de 100 en el tipo de moneda en tu País.

Este billete no lo gastes. Cada vez que lo veas imagínate que harías o en que invertirías si multiplicaras el billete de 100 por 10, 100, 1000 …….veces

Cuando estes de compras imaginate cuántas cosas comprarías con ese dinero, eleva tu frecuencia y se agradecido por la abundancia que estás atrayendo.

Este ejercicio es muy importante para abrir tu consciencia a las posibilidades y empezar a elevar tu frecuencia y vibración

Tu billetera debe estar limpia sin roturas, libre de papeles innecesarios. Siempre ten dinero en efectivo no solamente tarjetas de crédito.

Pon atención a tus pensamientos porque algún sentimiento de carencia causará resistencia y no permitirá continuar el fluido de la abundancia.

4. **Reto de las 52 semanas para ahorrar dinero**

Esta herramienta es muy fácil de crear. Hace tiempo estás con la idea de viajar o comprarte algo bonito pero el dinero es aún escaso?

Para toda manifestación es necesario tomar acción, acá les explico en que consiste ésta conocida herramienta para crear dinero.

Se llama el reto de dinero de las 52 semanas:

En qué consiste?

- Empiezas ahorrando un 1 dólar o la moneda de tu País
- Cada semana incrementas la cantidad de dinero de acuerdo al número de semanas hasta llegar a la semana número 52

Por ejemplo,
Empiezas la semana 1 con 1 dólar
Semana 2 con 2 dólares
Semana 3 con 3 dólares
Semana 4 con 4 dólares

Así sucesivamente hasta llegar a 52 dólares en la semana 52 y al final habrás ahorrado 1370.00 dólares o la moneda de tu País.

Es una manera amena de ahorrar y convertir en realidad lo que quieres. El requisito es ser persistente y disciplinado.

Cada año puedes realizar este reto, incluso puedes invitar a tus hijos o pareja a que también lo hagan y entre todos se ayuden a estar comprometidos con esta bella tarea.

Al comienzo parece poco dinero, pero conforme se va incrementado la cantidad de acuerdo a las semanas ya se va volviendo un reto.

5. **Caja de los logros**

En una caja no muy grande o pomo pon todos tus logros. Esta herramienta consiste en escribir cada meta, logro que has realizado en un pequeño papel y meterlo dentro de la caja.

Esta herramienta se empieza a realizar el 1ro de Enero de cada año y el 31 de Enero de ese año, abres la caja y lees cada papel.

Por qué es importante esta herramienta?

Día a día cuando las personas logran alcanzar algo, no lo valorizan en su dimensión y no le dan mucha importancia.

Sin embargo al leer cada papel se darán cuenta que tan poderosos son y cuantas cosas bellas y metas han realizado durante todo ese año.

Esto ayudará a sentirse agradecido, elevará la autoestima, confidencia, atraer abundancia y seguir adelante.

6. Actua como si ya es real

Esta herramienta es super poderosa para elevar la vibración.

El común denominador de personas se dejan llevar por la influencia externa, ya sea la familia, amigos, colegas, noticias y otras negatividades.

Qué sucede con nuestro Estado Mental si absorbemos la negatividad externa?

Nuestro estado mental entra a preocupación, frustración. Por consecuencia nuestro cuerpo fisiológico estará cansado, la vibración muy baja. Nuestra conducta y proceder será de miedo, seguiremos en la zona de confort. Finalmente los resultados no serán positivos.

De qué se trata "Actuar como si ya es real"

Es visualizarnos ya teniendo y siendo lo que queremos. No tener duda ni por un instante de la manifestación.

En los ojos de nuestra mente nos vemos ya habiendo conquistado lo que tanto soñamos. Es ver nuestro futuro en nuestro presente.

A continuación les explico con más detalle:
Por ejemplo,

- Para atraer abundancia de dinero-

- Cómo hablaría una persona de dinero?
- Tendría mentalidad de escasez?
- Se negaría a compartir su dinero con quienes lo necesitan?
- Cómo camina una persona de dinero?
- Qué tipos de pensamientos tiene una persona de dinero?

Si nos referimos a una persona abundante de dinero alineada con su corazón, caminará de manera segura, orgullosa de si misma, elegante.

Los pensamientos de esta persona serán positivos siempre pensando en seguir adelante, conquistando nuevos caminos y con una mentalidad ganadora.

Su mente siempre será de abundancia porque sabe que la abundancia está dentro de uno. Y si afronta el llamado "fracaso" sabe que es parte del crecimiento y aprendizaje.

El lenguaje de esta persona siempre será de abundancia y positivismo aún cuando algunas personas que la rodean piensen o digan lo contrario. Esta persona sabe que no tiene control sobre la opinión de los demás. Solo es dueño de su propia verdad y eso es más que suficiente.

- Para atraer abundancia en el Amor-

Tenemos que amarnos, querernos y respetarnos por encima de todas las cosas. No necesitar de nadie para ser felices y completos.

El amor de otros es un BONUS!

- Caminar orgullosos de quienes somos con la cabeza en alto sabiendo que somos energía infinita e ilimitada en un cuerpo físico que hemos venido a este

Mundo a disfrutar y aprender de nuestra experiencia humana.
- En un papel escribir una lista de cualidades de la persona que queremos atraer en nuestra vida.

Especificar lo que nos agradaría encontrar en esa pareja, que cualidades vemos en ella. Qué valores expectamos en ella? Qué cosas no estaremos dispuestos a aceptar de otra persona?

Sabiendo ya lo que queremos de esa persona, escribimos en otro papel una carta dirigida a esa persona que queremos manifestar.

El secreto de este ejercicio es hacerlo en tiempo presente como si ya lo tenemos y estamos agradeciendo a ese ser que hemos manifestado.

Ejemplo,

Querida pareja, gracias por haber venido a mi vida. No sabes la ilusión que tenía de conocerte. Eres tal como te imaginé. Me agradan tus valores y la forma como nos comunicamos, el respeto mútuo que nos tenemos.

Me agrada saber que estás dispuesto a compartir el resto de tu vida conmigo, ten la seguridad que yo también quiero estar siempre a tu lado.

Estoy consciente que la vida manda pruebas y retos. Pero la disposición que tenemos los dos de luchar juntos hará que salgamos airosos de cada reto.

Seremos ejemplo para los hijos que tengamos y me agrada saber que estamos de acuerdo en seguir invirtiendo en nuestro crecimiento personal.

Te amo mucho.

Cuando mis clientes quieren manifestar una pareja, o quieren sanar su pasado amoroso, les digo que usen esta herramienta, pero muchos de ellos me mirán sorprendidos y hasta se burlan de la estratégia.

Cuándo les pregunto pórque tienen esa reacción? Me dicen que tienen que ver para creer y el escribir una carta a alguién que aún no existe no los convence mucho.

Es por eso que no manifiestan lo que quieren! Están más apegados a la materia en vez de ser más energía. Están aferrados a la densidad de la tercera dimensión y no al mundo cuántico donde ya existen todas las posibilidades.

Les cuento una de mis otras manifestaciones:

En el 2019 cuando viajé a Lima-Perú decidí escribir mi segundo libro en Español e Inglés y lanzarlo en Perú.

Al comienzo todo empezó con una idea pero seguí los pasos que les he explicado anteriormente. Me hice todas las preguntas necesarias y decidí pensar, sentir y actuar como si ya lo había manifestado.

- Mientras escribía mi libro ya me veía firmando autógrafos y siendo entrevistada en radio y televisión.
- Le dije a mi esposo para ir al centro comercial y comprarme ropa para el día de mis entrevistas.
- Empecé a caminar orgullosa de mis logros, elevando mi frecuencia.

Llegó el momento de viajar a Perú y el resto es historia!

Incluso en estos momentos que estoy escribiendo mi tercer libro (Junio 2023) y estoy a un mes y medio de viajar a Perú (Cuando Ustedes lean este libro posiblemente ya estoy en Perú o regresé a Australia)

Estoy inmensamente feliz de poder compartir mi mensaje

y ya veo mi libro en muchos de sus hogares. Dentro de unos días iré a comprarme ropa para mis entrevistas en los diferentes medios de comunicación en Lima-Perú.

Estoy agradecida porque ya veo en los ojos de mi mente, muchas cosas bellas y experiencias que ya las estoy viviendo en mi futuro presente momento.

7. **Decreta tu Vida ideal**

En un cuaderno escribe con detalle como te gustaría que fuera tu vida ideal pero hazlo en el tiempo presente como si ya está manifestado.

Escribe con detalle lo siguiente:

- A qué te dedicas?
- Dónde trabajas? Cuántas horas trabajas? Qué cargo tienes?
- Qué tipo de carro manejas? Qué color de carro? Qué año?
- Cómo es tu casa ideal donde vives?
- En qué zona está ubicada tu casa?
- Cuántos pisos tiene tu casa? Describe con exactitud los diferentes ambientes de tu casa
- A qué hora te levantas? Qué es lo primero que haces?
- Cómo es tu día de abundancia?
- Tienes un negocio? Qué negocio? Tienes empleados? Cuántos?
- Qué haces en tus vacaciones? A dónde viajas? Con quién viajas?
- Pon fecha cuando empiezas a escribir. Puede ser un año de la fecha que estás

Ejemplo,

30 de Julio 2024

Yo, Carlos Salazar, me siento agradecido de levantarme y ver un bello panorama desde la ventana de mi dormitorio. Estoy meditando 15 minutos y luego me cambio para ir a correr por 30 minutos.

Me siento relajado después de mi delicioso baño. Mi empresa de bienes y raices es próspera y exitosa. Tengo 3 empleados de mucha confianza y yo les delego muchas tareas.

Paso tiempo precioso con mi esposa e hijos, tenemos calidad de vida. Hoy que es Sábado fin de semana hemos programado irnos de paseo a 3 horas de nuestra casa. Hemos alquilado una bella casa en Grampians- Melbourne. Mi esposa está cocinando un rico pollo al horno. Ya estamos listos para conocer el lugar y pasear en camello. ....etc

Este ejercicio es muy poderoso y es solo un ejemplo de lo que tu mente puede crear en lo invisible y hacerlo visible.

El requisito es escribir tu vida ideal en el presente momento, y leerlo continuamente para instalar esas nuevas creencias en tu subsconciente y empezar a actuar de manera consciente elevando siempre tu vibración.

8. Cuaderno de la gratitud

Estar siempre en el estado de gratitud nos ayuda a manifestar abundancia en todas las áreas de tu vida.

Cualquier sentimiento negativo desaparece si lo cambiamos por la gratitud.

El cuaderno de la gratitud nos ayuda a enfocarnos en las buenas cosas, darnos cuenta que somos más abundantes de lo que pensamos.

De acuerdo a investigación muchas personas que han estado enfermas, han mejorado considerablement incluso algunas se han sanado porque se han enfocado en el agradecimiento. Esto a cambiado la forma de pensar, sentir y actuar de estas personas.

Cuando una persona vive en amargura, estrés, falta de perdón, falta de amor propio el cuerpo comienza a almacenar negatividad que a largo plazo se transformará en dolores musculares o enfermedad.

Al escribir en el cuaderno de gratitud, el cuerpo se libera de los sentimientos nocivos y entra a un estado de paz, amor, esperanza y felicidad.

Cómo usar esta herramienta?

Escoge un cuaderno que te guste y sientas el llamado. Empieza a escribir diario unas 3 a 5 cosas por las cuales estás agradecido. Las cosas más simples se convierten en grandes motivos para agradecer.

Por ejemplo,

- Qué pasa cuando una persona recibe un recibo de luz, agua, gas o teléfono que se olvidó de pagar y ahora tiene que pagar con mora?

Probablemente entra en amargura, cólera y frustración por el dinero extra que tiene que afrontar.

Si la persona se pone en este estado emocional, su frecuencia estará muy baja y alejará la abundancia de su vida.

Qué hacer entonces?

- Mencionar cada cuenta que se tiene que pagar con agradecimiento. Cambiar la frustración por amor y agradecimiento.

Porque gracias a esas compañías uno disfruta de esos servicios.

Agradecer que se tiene luz y se puede ver television, usar la computadora, cargar el teléfono.

Agradecer que se tiene agua porque gracias a ese servicio podemos bañarnos, cocinar, tomar agua.

Agradecer que se tiene el servicio de teléfono e internet. Gracias a ese servicio se acortan las distancias. Podemos comunicarnos con amigos y familiares viviendo en otros Países.

Se dan cuenta como podemos cambiar la percepción de las cosas y ser profundamente agradecidos.

Cualquiera sea la frustración o crisis que se este atravesando, debemos enfocarnos en lo que tenemos que agradecer de esa lección de vida.

Conozco de un amigo colega que desde los 18 años se dió cuenta de su inclinación homosexual pero lo escondía de sus padres, hasta que un día lo descubrieron. En ese momento empezó el maltratdo familiar, hasta lo obligaron a casarse a los 24 años.

Después de vivir dos años en un infierno marital, una mañana decidió decidió terminar con su vida tomando pastillas.

Después de unas horas abrió los ojos y se vió en el hospital echado en una cama recuperándose del incidente. Un familiar lo había encontrado inconsciente en su casa y a tiempo lo llevó al hospital.

Mi amigo mientras estaba en el hospital se puso a pensar cuál era el mensaje y enseñanza de la experiencia que había tenido.

Se dió cuenta que tenía una segunda oportunidad de vida y estaba muy agradecido por ello. Se prometió a si mismo invertir en él para ser de servicio a la humanidad y ayudar a crear transformación en la vida de las personas.

Es ahí donde lo conocí y me contó su historia. Actualmente

tiene 35 años, tiene la pareja que siempre soño y se han casado en Australia bajo la ley que permite el matrimonio entre personas del mismo sexo.

Vive en completo agradecimiento todos los días de su vida.

Hay tanto que agradecer si nos enfocamos en el amor y erradicamos el dolor.

Somos seres divinos de expresión con un amor infinito dentro de nosotros, capaces de manifestar abundancia.

10 Mandamientos de la Gratitud

1. Pedir perdón por obrar mal con intención o sin ella
2. Perdonarnos a nosotros mismos por haber vivido en un estado emocional no saludable, por no haber aprovechado las bellas oportunidades de la vida.
3. No basta con recibir, hay que dar y compartir con otros
4. Vivir en el presente momento. No postergar el ser agradecido
5. Agradece tu pasado, presente y el futuro por venir
6. Da siempre las gracias
7. Aprecia y sé agradecido por todo lo que ya tienes
8. No esperes recibir para estar agradecido. Sé agradecido para recibir
9. Sé agradecido por ser parte de esta existencia física
10. Que tu agradecimiento venga de tu corazón

CAPÍTULO 8
LEYES PODEROSAS DEL UNIVERSO PARA ATRAER ABUNDANCIA

Atraes a las personas y los eventos que resuenan con la energía que irradias. Atraes lo que eres, así que sé lo mejor que puedas.

LYNDA FIELD

Ley de Atracción

Esta ley sugiere que uno está en la capacidad de atraer abundancia y está puede ser positiva o negativa de acuerdo al tipo de pensamientos.

Debemos ser cuidadosos que tipo de abundancia queremos atraer.

Todo el tiempo estamos atrayendo experiencias a nuestra vida de manera subsconciente o conciente. Los pensamientos juegan un papel muy importante en nuestra vida, se dice que nuestros pensamientos pueden crear nuestra realidad.

Hay varios libros que explican acerca de la ley de atracción y uno de ellos es el popular libro "El Secreto" de Rhonda Byrne.

Este libro nos habla de la importancia de la visualización, enfocarnos en los pensamientos positivos para poder atraer y manifestar lo que tanto anhelamos.

Hay una parte importante que no se menciona en el libro que es la "Acción" no basta con visualizar, desear y pensar lo que queremos. Es necesario tomar masiva acción alineado a nuestro corazón y siempre vibrando en la frecuencia de las cosas que queremos conseguir.

Todo ya existe en el campo cuántico. La ley de atracción está esperando la vibración similar a lo que queremos para que se materialice.

Hay un principio importante en la ley de atracción "Pedir para recibir".

Tenemos que pedir con fervor, clamor lo que queremos en nuestra realidad. Luego agradecer que ya es nuestro.

Luego tenemos que permitir que se materialice lo que estamos pidiendo. Aprender a recibir con gratitud lo que ya viene para nosotros.

El requisito para que esta ley funcione es que nos tenemos que enfocar en lo que queremos no en lo que no queremos.

Por ejemplo,

- Si tenemos varios recibos por pagar y nos enfocamos en la falta de dinero para cubrir esas deudas, por ley de atracción nuestro enfoque en lo que no queremos atraerá mas deudas.

Sin embargo, si tenemos todos los recibos que pagar y nos enfocamos en la gratitud de los servicios que hemos recibido de esas compañías y pensamos en posibles soluciones, la ley de atracción encontrará similares situaciones a nuestro enfoque y veremos magicamente personas que quieren ayudarnos, posibilidades de tener más dinero etc.

Maneras de usar la ley de atracción:

- Siendo siempre agradecido
- Nuestro lenguaje tiene poder- Hablar solo lo que queremos hasta que se materialize
- Estar atento a las oportunidades por muy pequeñas que parezcan.
- Creer y confiar que ya es nuestro lo que queremos
- Ten claridad de lo que quieres manifestar
- Sé consciente de tus pensamientos

Ley de Asunción

Es una enseñanza que viene del concepto de Neville Goddard, escribió sobre autoayuda, el misticismo y la biblia.

A diferencia de la ley de atracción, en la cual se pide y espera recibir afirmando que lo recibiremos.

En la ley de Asunción, uno pide lo que quiere y asume que ya lo ha recibido, está completamente seguro que se ha manifestado.

Se hace mucho énfasis a la imaginación, es vital imaginarnos ya gozando de lo que queremos atraer, no hay duda de eso en nuestra creencia.

Como mis ejemplos anteriores en otros capítulos, la clase de pensamientos que tengamos atraen lo bueno y malo.

Por ejemplo,

Hay personas que cuando llega el invierno asumen que se van a enfermar por experiencias de otros inviernos pasados.

Sus pensamientos y emociones están vibrando de acuerdo a esa asumpción y basada en la ley atraen la enfermedad.

Basándonos en el ejemplo de la enfermedad, les explico lo opuesto.

Hace un par de semanas, mi hijo menor estuvo con un fuerte resfriado y se me acercaba en reiteradas oportunidades para darme un abrazo. Quizás muchas personas siendo precavidas dirían es mejor alejarse para evitar el contagio. Aplicando la ley de la asunción no lo hice.

Les explico a que me refiero:

Un gran porcentaje de personas en Australia 3 meses antes del invierno se vacunan para prevenir los resfrios y está bien la iniciativa del Gobierno para salvaguardar la salud de sus habitantes.

Yo nunca me he puesto una vacuna no porque no crea que no funcione. Les funciona a muchas personas y está muy bien.

No me pongo las vacunas por decisión propia y convencida que nuestro cuerpo tiene la farmacia y el remedio más potente que cualquier otra vacuna.

A diario pongo atención a la clase de pensamientos que estoy creando y si me sorprendó con algunos pensamientos negativos, automáticamente en ese instante los cambio por dos o tres positivos.

Usando la ley de asunción asumo que soy saludable y estoy gozando de buena salud. No importa que sea invierno, verano o cualquier estación del año. Situaciones externas no van a dictar como me siento por dentro y por fuera.

Logicamente no basta con asumirlo, es importante creerlo claro que sí pero conjuntamente tenemos que hacer válido esa asunción tomando correcta acción.

Para que la ley nos mande la salud que queremos, entonces tenemos que accionar de manera similar al concepto de esa ley.

- Hacer ejercicios de manera consistente y perceverante
- Meditar varias veces por semana
- Tener pensamientos de poder
- Erradicar emociones negativas
- No estar rodeados de gente tóxica
- Invertir en uno
- Ser agradecidos por la salud que asumimos tenemos

Es por eso que cuando mi hijo estuvo resfriado no tuve ningún temor de que me abrazara porque asumo que estoy saludable, fuerte, soy energía pura e ilimitada en un cuerpo físico.

Hemos venido a este mundo físico a aprender, a gozar y crecer espiritualmente. Pero nadie absolutamente nadie se libra de dejar el mundo físico cuando les toca partir.

Pero mientras suceda eso, no les gustaría tener calidad de vida en este mundo material?

Me imagino que si!

Ley del dar y recibir

Estaba viendo unos videos en Tiktok acerca de experimentos sociales que ciertos grupos de personas realizan en la calle.

Este experimento consiste en ver que tanto el público está dispuesto a ayudar al necesitado y de premio a esa ayuda pueden recibir un celular nuevo o dinero.

La persona que realiza el experimento simula estar con hambre o pasando necesidad y pide dinero o algún tipo de ayuda.

Increíblemente se ve a un 95% de personas que hacen caso omiso a la persona que tiene un cartel que dice:

"Tengo hambre, ayúdame"

Se ve a mucha gente indiferente ante ésta supuesta necesidad, cada quién está absorto en su teléfono, conversando con amigos o simplemente ignoran a la persona.

Después de pasar mucho tiempo en el intento no falta alguién que quiera ayudar y de recompesa recibe un celular. Da cólera ver como la persona acompañante al ver que su amigo recibió un celular, en ese instante saca dinero de su billetera para darle a la persona necesitada, me imagino esperando recibir un celular. Reacción reactiva a la circunstancia cuando debió ser proactivo como su amigo.

Por supuesto que hay mucha gente caritativa también que ayuda y son de servicio. El ejemplo de arriba es basado en la experiencia en la calle

La ley del dar, consiste en compartir sin esperar nada a cambio. Sabemos que la abundancia está dentro de nosotros y estamos en la capacidad de compartir con otros y sí están en necesidad con mayor razón. El miedo no nos invade ante la posibilidad de gastar lo que tenemos porque más importante para nosotros es ser de ayuda y servicio.

Al dar y compartir estamos activando la ley de la circulación que hará que siempre fluya la abundancia.

Siempre el dinero y la abundancia estará circulando y por consecuencia recibiremos dos, tres veces o más multiplicado lo que hemos dado y compartido.

El requisito es compartir de corazón de manera incondicional porque queremos ayudar. No lo debemos hacer esperando algo en retorno, de lo contrario sería un intercambio

A veces algunas personas afirman que no tienen nada para dar porque están atravesando momentos difíciles y al contrario son ellos los que necesitan.

Siempre hay algo que dar y compartir con otros. No todo es dinero hay otras formas de dar

Ejemplo,

- Da tu tiempo- Si alguién necesita una conversación o un consejo. Dedica algo de tu tiempo para ser de servicio
- Ofrécete de voluntario para una buena causa
- Ofrece ayudar con tu habilidad
- Dar un cumplido

Tengo una amiga que su Mamá está en una casa de reposo y la Señora teje ropa de bebé como distracción y también para donarlos a las familias en necesidad.

Esta bella Señora me ha dado varias ropas de bebé para que los done en Perú y asi lo voy hacer. Posiblemente cuando lean este libro yo ya habré donado estas bellezas en Perú.

Se dan cuenta que hay varias formas de dar sin esperar nada en retorno.

Hay que aprender a recibir-

Para que la abundancia fluya de manera consistente, es importante también saber recibir. A veces algunas personas comparten pero rechazan el recibir algo porque creen que la otra persona se siente comprometida.

Si no se recibe, se está poniendo obstáculos al fluido y circulación de la abundancia para la persona que nos quiere retribuir con algo.

El dar y recibir es un principio muy valioso. Es el principio de la reciprocidad basado en la gratitud.

Cuánto más agradecidos estamos con la vida, deseamos irradiar esa grandeza con el mundo.

No siempre se recibe de la persona a quien damos. De manera mágica recibimos de diferentes formas. Puede ser de personas, experiencias, llamadas ofreciéndonos algo que nos va ayudar etc.

Cómo podemos usar esta ley de manera más consciente

- Si quieres recibir amor, da amor. El amor es infinito e ilimitado. El amor es la frecuencia y vibración más alta que pueda existir en el Universo.
- Si quieres más tiempo, da tiempo. Vivimos en un mundo donde las personas viven apuradas olvidándose de compartir tiempo con ellos mismos, familiares o amigos. Postergan actividades para un futuro incierto y muchas veces no llega.

Una palabra, un consejo en el momento correcto puede salvar muchas vidas, puede ayudar a mejorar el ánimo de la otra persona a quien se ayuda.

- Si quieres abundancia, prosperiedad y bienestar- Comparte con otros y ayúdalos a ser prósperos también.

En conclusión, esta ley nos ayuda a estar conscientes del amor recíproco que debemos tener unos a otros en este mundo físico.

No es cuestión de querer y ayudar solo a nuestros familiares o amigos. Es compartir con nuestro prójimo de manera recíproca.

Ley de la Vibración

Es increible saber que todo lo que nos rodea es energía en constante vibración.

Para convertirnos en un Imán de abundancia tenemos que vibrar de acuerdo a lo que queremos atraer y manifestar.

Tenemos que irradiar una frecuencia vibracional alineada con todo aquello que deseamos. Tenemos que vivir en paz interior y armonía.

Estratégias para elevar la frecuencia vibracional:

- Ejecuta inspirada acción alineada con tu corazón- Para conquistar tus sueños tienes que dejar tu zona de confort e iniciar un camino de lo desconocido y digo desconocido porque se pueden presentar retos y riesgos que tienes que afrontar.

Hay 3 tipos de personas cuando quieren manifestar algo:

1. Las personas que tienen miedo de dejar la zona de confort y tomar acción
2. Las personas que tienen miedo que Tú tengas éxito
3. Los que siempre toman acción

Depende de Ti que clase de persona quieres ser. Recuerda que cada tipo de persona irradia una vibración diferente a la otra y de acuerdo a esa vibración serán capaces de manifestar o repeler la abundancia.

- Aléjate de la toxicidad- Todo lo que represente negativismo no te ayudará a ser un Imán de abundancia

De qué negatividad me tengo que alejar?

- Las noticias- Hay personas que ni bien amanece lo primero que hacen es programar su mente con negatividad. A mí me preguntan cómo me entero lo que pasa en el mundo si no estoy al tanto de las noticias?

Mis hermanos o algunos amigos me comentan de manera general lo que está pasando. No me gusta, ni me interesa profundizarme en el drama.
Ocupo mi mente leyendo, viendo videos de poder y escribiendo.

- La gente negativa y envidiosa- Son aquellas personas que solo buscan encontrar alguna debilidad en ti para resaltarlo. Aunque hagas las cosas bien o te muestres radiante, nunca te dan un cumplido
- Aléjate de la emoción negativa- Como el miedo, amargura, pensamientos negativos.
- Erradica y aléjate del desorden en sus diferentes formas:
    1. Físico- Un ambiente ya sea tu casa u oficina en desorden bajará tu buen nivel vibracional porque estarás envuelto en estrés, cansancio, distracción, desorganización, etc.
    2. Digital- El almacenamiento de información pasada. Programas, cursos sin usar acumulan carga energética negativa
    3. Mental- Libra tu mente de pensamientos saturados de negatividad y victimización

- Aléjate del rencor y odio- No vivan en rencor por experiencias pasadas. Empiecen a perdonar y perdonarse por haber sostenido esas emociones negativas por tanto tiempo en sus corazones.
- Aléjate del perfeccionismo- La perfección no existe en lo absoluto y eso es la belleza de ser vulnerables.

Muchas veces se deja de hacer cosas por esperar el momento indicado, la oportunidad indicada, las experiencias indicadas. Siempre se está buscando la perfección. Es una vibración muy baja y está lejos de ser similar a la abundancia.

- Alejate de la preocupación del que dirán de Ti otras personas- Es una emoción muy negativa, es vivir en constante miedo y frustración de la crítica de los demás.

Ten presente que no tenemos control de la opinion de los demás. Aun cuando la opinion sea buena o mala no podemos gobernar y controlar eso. Solo somos capaces de controlar el concepto y opinion que tenemos de nosotros mismos.

Todos somos seres únicos con cualidades y defectos. Aprecia y ama con todas tus fuerzas a la persona en quien te has convertido.

CAPÍTULO 9
ERES EL DUEÑO DE TU VIDA

La Libertad está en ser dueño de tu propia vida

PLATÓN

Te felicito por haber llegado hasta aquí. Te habrás podido dar cuenta que no hay una sola estratégia que te convierta en un Imán de abundancia. Es un conjunto de conceptos, estratégias, acciones, desarrollo de tu ser interior entre otras cosas importantes.

Ser dueño de tu vida es tomar responsabilidad por tus acciones, decisiones, opciones, valores y todo aquello que decidas hacer o no hacer. Tienes el poder de diseñar tu propio camino en busca de tus grandes metas.

En el camino de la vida siempre encontrarás errores y aciertos. Aprende de ellos! En el mundo disparejo en el que vivimos la densidad de los problemas afecta muchas veces el desarrollo personal de las personas.

No le des el poder a nadie para que gobierne tu existencia.

A continuación te camparto unos tips muy útiles para que no te olvides de ser el dueño de tu vida:

- Cada opción tiene una consecuencia

Tú eres la persona que decides que hacer, que decidir aún cuando tengas la presión e influencia de otros.

Tienes la facultad de analizar los pro y contra de la situación. Si estás donde estás es por las opciones que tuviste en el pasado.

Recuerda que toda opción tiene una consecuencia, ya sea buena o mala

- Prémiate

Cada vez que tengas un logro, "Prémiate", no importa que tu logro sea grande o pequeño. Lo importante es enseñarle a tu subsconciente en que clase de persona te has convertido.

Lo maravilloso de manifestar abundancia o conquistar tus metas, no es la abundancia o la meta en si. Es la clase de persona en quien te has convertido durante el proceso.

Al premiarte elevas la frecuencia y vibración de abundancia e instalas nuevos paradigmas en tu subsconciente. Entras en un estado de autoconfianza, gratitud y seguridad de ti mismo.

Cuando hablamos de premiarte puede ser cualquier cosa que te haga valorizar tu esfuerzo y logro conseguido.

Puede ser un simple chocolate, un par de zapatos, hasta un viaje.

En realidad lo que interesa es reconocer tu liderazgo y triunfo personal.

- No hagas las cosas por complacer a otros

El actuar de una manera determinada tan solo por complacer a otros es un sentimiento nocivo y va en contra de nuestra salud mental y emocional.

Desmerecemos nuestro valor como persona y con el tiempo nuestra autoestima y amor propio se reduce considerablemente.

Lamentablemente muchas personas caen en este juego nocivo por temor a ser criticados, rechazados o creen tener la obligación de complacer las peticiones de otros.

Yo recuerdo haber estado en esa posición cuando no sabía lo que se ahora, cuando no era la dueña de mi omnibus. El omnibus es una metáfora que representa nuestra vida.

Pensaba que tenía que decir "Si" a todo. Sin ser superhéroe me ofrecía a solucionar problemas de otros aún cuando no me llamaban, me involucraba en situaciones que no me correspondían. Años después aprendí que cada persona es dueña de su propia vida con facultades para salir adelante y con responsabilidades y deberes que asumir.

Cuando cambié quizás fuí criticada y hasta no me pudieron reconocer. Pero yo no tengo control de la opinión de los demás, solo tengo control de la percepción y opinion que tengo de mi persona.

Mi antiguo "YO" se quedó en la tercera dimensión. Ahora vivo en un mundo de posibilidades complaciendo y respetando a Gaby, ese ser tan bello y único.

Que bello es vivir en paz, en armonía con uno mismo. Ser capaz de dar y ayudar a otros pero sin descuidar nuestra propia existencia.

- Nunca le pongas techo a tus metas

Ten claridad de lo que quieres y pórque lo quieres. Todo es posible en la medida que lo creas y en la decision y acción que tengas.

– Qué quieres lograr? Pórque?

- Escribe en un papel tu meta
- Revisa o lee tu meta todos los días
- Realiza un plan de acción
- Enfócate en la meta y se perseverante y consistente en tu proceder
- Visualízate conquistando tu meta
- No pares hasta conseguirlo
- Celebra
- Es hora de conquistar otra meta............así sucesivamente

En conclusión, he querido compartir con Ustedes mis años de aprendizaje y experiencia. Espero ser de ayuda y poder acortarles el camino al triunfo y no pasar mucho tiempo en la prueba y error.

Todo el conocimiento compartido en este libro me ha convertido en la persona que soy ahora. Una persona que se ama y respeta. Una persona con una gran misión en el mundo de poder crear transformación en la vida de las personas.

Si quieren seguirme estoy en la página de Facebook en "Enfoque Millonario"

O escríbanme al correo electrónico gaby@thedreamingshow.com

Visitan la página www.enfoquemillonario.com

Si quieren trabajar conmigo:

Ofrezco mentoring personal a través de Zoom a diferentes partes del Mundo.

Seminarios y conferencias en Melbourne-Australia y en Lima- Perú

EPÍLOGO

Vivimos en un mundo de mucho bullicio externo, en una era tecnológica con las posibilidades al alcance de nuestras manos.

Está en nosotros saber aprovechar todas las oportunidades que se nos presente cada día.

He querido compartir a través de este libro estratégias, conceptos muy puntuales que te ayudarán a transformar tu vida.

Recuerda que la abundancia está dentro tuyo, tienes que reconocerlo y creerlo para empezar a manifestar todo lo que deseas y "CONVERTIRTE EN UN IMÁN DE LA ABUNDANCIA"

Gaby Company, es empresaria de éxito con muchos años de experiencia en el campo Empresarial.

Gaby es Autora de tres libros en versión Español e Inglés

1. 7 Excepcionales secretos para bajar de peso
2. Tú eres tu marca personal
3. Conviértete en un Imán de abundancia (El que tienen en sus manos ahora)

Gaby es experta en Oratoria, Marca Personal, Mentalidad, Liderazgo y mentor en manifestación.

Gaby es líder e influenciadora creando transformación en la vida de las persona. Ella no es ajena a las dificultades que afronta su País natal Perú y ha tenido la oportunidad de poder ayudar a los damnificados de la catástrofe climática en el 2017.

Gaby y un gran equipo humano de Peruanos residentes en Melbourne-Australia hicieron posible reunir una cantidad de dinero a través de un evento.

Este dinero fué mandado a los compatriotas Peruanos a través de Caritas-Australia, a los damnificados de Perú.

Gaby ha podido transformar su vida a lo largo de los años y ahora está trabajando con diferentes personas de diferentes caminos de vida ayudándolos a convertirse en un Imán de la Abundancia.

La filosofía de Gaby es: "No le permitas a nadie que pare tus sueños".

www.ingramcontent.com/pod-product-compliance
Lightning Source LLC
Chambersburg PA
CBHW060514090426
42735CB00011B/2224